Lehr- und Handbücher zu Sprachen und Kulturen
Herausgegeben von
José Vera Morales

Bisher erschienene Titel:

Englisch
Guess, Professional English
Labriola, Schiffer, Politisches Wörterbuch – Dictionary of Politics
O'Riordan, Lehninger, Business 21 – Modernes Wirtschaftsenglisch kompakt
Pawelzik, Communication in Business

Französisch
Jöckel, Training Wirtschaftsfranzösisch

Italienisch
Macedonia, Wirtschaftsitalienisch mit Übungen und Audio-CD

Russisch
Saprykina, Pribyl, Wirtschaftsrussisch – Praktische Wirtschaftsthemen in Dialogen, Texten und Übungen

Spanisch
Jöckel, Wirtschaftsspanisch – Einführung
Schnitzer, Schatzl, Übungsbuch zu Wirtschaftsspanisch – Terminologisches Handbuch, Manual de lenguaje económico
Vera Morales, Spanische Grammatik

Wirtschaftsspanisch

Terminologisches Handbuch
Manual de lenguaje económico

von

Ao. Univ. Prof. Dr. Johannes Schnitzer

und

Prof. Dr. Jordi Martí

6., überarbeitete Auflage

Oldenbourg Verlag München

Lektorat: Doris Funke, Annette Huppertz
Herstellung: Tina Bonertz
Titelbild: thinkstockphotos.de
Einbandgestaltung: hauser lacour

Bibliografische Information der Deutschen Nationalbibliothek
Die Deutsche Nationalbibliothek verzeichnet diese Publikation in der Deutschen Nationalbibliografie; detaillierte bibliografische Daten sind im Internet über http://dnb.dnb.de abrufbar.

Library of Congress Cataloging-in-Publication Data
A CIP catalog record for this book has been applied for at the Library of Congress.

Rosenheimer Straße 143, 81671 München, Deutschland
www.degruyter.com/oldenbourg
Ein Unternehmen von De Gruyter

Gedruckt in Deutschland

Dieses Papier ist alterungsbeständig nach DIN/ISO 9706.

ISBN 978-3-486-75514-5
eISBN 978-3-486-85846-4

VORWORT ZUR 6. AUFLAGE

Sechs Jahre sind seit der letzten Auflage vergangen – sechs Jahre, die durch Wirtschafts- und Bankenkrise, technologische und institutionelle Entwicklungen, Änderungen im wirtschaftlichen Gewicht einzelner Länder und Regionen und vieles mehr geprägt waren. Auch ein Handbuch wie das vorliegende, das sich als Einführung in die spanische Wirtschaftsterminologie versteht, kann diese Phänomene nicht unberücksichtigt lassen. Eine Aktualisierung war daher dringend notwendig. Wie auch in den vorherigen Auflagen haben wir jedoch die Gelegenheit genutzt, die eine oder andere Anregung bezüglich Gestaltung und Inhalt aufzugreifen.

Unsere **Zielsetzung** besteht unverändert darin, den Einstieg in die spanische Wirtschaftssprache zu erleichtern. Sprachliche und inhaltliche Informationen sollen das Verständnis und den Gebrauch der grundlegenden spanischen Wirtschaftstermini ermöglichen. Thematisch behandelt werden dabei zentrale Begriffe aus journalistischen Texten sowie spezifische Handelsterminologie.

Das Handbuch besteht im Wesentlichen aus **spanischsprachigen Erklärungen** von Wirtschaftsvokabeln, die auch für jemanden, der über keinerlei wirtschaftliches Wissen und nur über Grundkenntnisse des Spanischen verfügt, verständlich sein sollten.

Ergänzt sind die Erklärungen mit **deutschen Übersetzungen** sowohl der Fachterminologie als auch anderer sprachlicher Elemente, die eventuell Verständnisschwierigkeiten hervorrufen können. Wie immer bei Übersetzungen ist deren Kontextabhängigkeit zu beachten. Eine Übersetzung, die für einen bestimmten Kontext gültig ist, kann in einem anderen möglicherweise nicht zutreffend sein. Bei der Übersetzung von Substantiven wurde der Numerus weitgehend beibehalten, die Verben sind in der deutschen Entsprechung stets in den Infinitiv gesetzt.

Als weiteres Element finden sich **terminologische Behandlungen** der allerwichtigsten Vokabeln, in der bedeutungsgleiche oder ähnliche Wörter ("sinónimos" – abgekürzt "sin."), Ableitungen ("familia léxica" – "fam.") und typische Kontexte ("contextos" – "con.") angeführt werden. Diese Informationen können verständlicherweise nur exemplarischen Charakter haben.

Grafiken und **schematische Darstellungen** dienen der Illustration der Erklärungsteile.

Den Anhang bildet eine **Liste der gebräuchlichsten Siglen und Abkürzungen** sowie ein **spanisch – deutscher** und ein **deutsch – spanischer Index**.

Die **Autoren** (allesamt Spanischlehrer, Fachsprachenforscher und Wirtschaftswissenschaftler der Wirtschaftsuniversität Wien und der Universitat Pompeu Fabra, Barcelona) sind:

Dr. Jordi Martí Pidelaserra (J.M.)
Lic. Mercedes Pérez Perdigó (M.P.)
Dr. Franz Rainer (F.R.)
Lic. Carlos Rivero Conesa (C.R.)
Dr. Johannes Schnitzer (J.S.)
Mag. Manfred Skorjanetz (M.S.)

Die deutschen Übersetzungen wurden von den Autoren selbst bzw. von Mag. Birgit Rivero-Reich und Dr. Johannes Schnitzer erstellt, die terminologischen Erklärungen von Lic. Mercedes Pérez Perdigó (†).

Die Aufgabe der erforderlichen neuen Layoutierung sowie der Gestaltung der Grafiken und Register wurde für diese Auflage von Mag. Monika Singraber und Mag. Brigitte Schatzl übernommen.

Viele Anregungen gaben uns für die erste Fassung Rafael Abajo, Sonia Córdoba, Dr. Lucy Damjanova, Mag. Barbara Gelautz, Mag. Claudia Kreiner-Schubert, Mag. Bernhard Leitner, Mag. Ursula Obermayr, Ing. Horacio Pérez, Dr. Peter Schifko und Mag. Yekta-Deniz Schnitzer. In die Neuauflagen konnten wir das Feedback vieler Kollegen und Studenten miteinbeziehen.

Finanziell unterstützt wurde das Projekt ursprünglich vom Bundesministerium für Wissenschaft, Forschung und Kunst und vom Ministerio de Educación y Ciencia (im Rahmen der Acciones Integradas Hispano-Austríacas), der Dr. Franz Josef Mayer-Gunthof-Stiftung und der Wirtschaftsuniversität Wien.

An sie alle ein herzliches Dankeschön.

Wien, im Oktober 2013 Johannes Schnitzer, Jordi Martí

INHALTSVERZEICHNIS

MUNDO LABORAL 43

EMPRESA 69

ASPECTOS GENERALES

LOS BIENES ECONÓMICOS

Wirtschaftsgüter

En economía, por **bien** se entiende todo aquello que puede ser comprado o vendido. Aunque a simple vista parece que todo se puede comprar y vender existen algunos elementos de la naturaleza (por ej., el aire, el sol) o valores éticos (por ej., el derecho a la vida) para los que normalmente no existe ningún **mercado**.

Gut
Markt

Para estos casos se utiliza la expresión **bienes libres**, mientras que los bienes económicos se consideran **bienes escasos**.

freie Güter
knappe Güter

Los bienes económicos se clasifican según muchos criterios. Veamos algunos:

Según su naturaleza se habla de **bienes tangibles** (o materiales) e **intangibles** (o inmateriales). Mientras que para referirse a los primeros muchas veces se habla simplemente de "bienes", los últimos también se denominan **servicios**.

materielle und immaterielle Güter
Dienstleistungen

Según el **estado de transformación** se distingue entre **materias primas**, **bienes intermedios** y **bienes finales**. Las materias primas entran en el **proceso productivo** tal como se extraen de la naturaleza, sin haber sufrido ningún cambio. Los bienes intermedios ya han estado sometidos a algún proceso productivo, pero todavía no están listos para el **consumo final**. Han de ser utilizados en una etapa posterior del ciclo productivo. Los bienes finales son aquellos que se prestan a un consumo inmediato. Esta clasificación es la utilizada por la **teoría económica**, en el ámbito de la **economía de la empresa** muchas veces se utilizan los términos **productos semielaborados** y **productos acabados**. Los primeros no han pasado por todas las fases de transformación, los acabados ya están listos para la venta. En la economía de la empresa también se usa el término "materia prima" para referirse a cualquier input en la producción. Para evitar, en este ámbito, una asociación directa entre "materia prima" y "**recursos naturales**", se usa cada vez más el término "materia primera" (en Latinoamérica "insumo").

Bearbeitungsstadium
Rohstoffe; Zwischenprodukte; Endprodukte
Produktionsprozess
Endverbrauch
Wirtschaftstheorie; Betriebswirtschaftslehre
Halbfertig- und Fertigwaren
natürliche Ressourcen

Según la finalidad de los bienes se distingue entre **bienes de consumo**, que se dirigen a los consumidores finales, y **bienes de capital** (**bienes de equipo** o **de inversión**), que son necesarios para otros procesos productivos. Los bienes de consumo se dividen a su vez en **bienes de consumo duraderos** y **no duraderos**. Los primeros son aquellos que se prestan a un consumo **a largo plazo** (por ej., coches), mientras que los no duraderos tienen una **vida útil** mucho más reducida (por ej., un spray desodorante). Dentro de los no duraderos también encontramos los **bienes perecederos** que requieren unas condiciones de conservación especiales (por ej., fruta, pescado).

Konsumgüter
Kapitalgüter; Anlagegüter; Investitionsgüter
langlebige und kurzlebige Konsumgüter
langfristig
Lebensdauer
verderbliche Güter

En la teoría económica es muy importante la diferenciación entre **bienes normales** e **inferiores**. Si un **consumidor** compra más unidades de un bien cuando aumentan sus **ingresos** se habla de "bien normal" (por ej., alimentos frescos). Si, por el contrario, cuanto más aumentan sus ingresos menos unidades compra de ese bien, se habla de "bien inferior" (por ej., latas de conserva).

normale, inferiore Güter
Verbraucher
Einkünfte

También es importante la diferenciación entre **bienes sustitutivos** y **bienes complementarios**. Los bienes sustitutivos son los que **satisfacen** la misma **necesidad**, mientras que en los complementarios es la combinación de bienes la que satisface una necesidad. Así, el coche particular es un producto sustitutivo del **transporte público** y la gasolina es un bien complementario del coche.

Substitutionsgüter; Komplementärgüter; befriedigen; Bedürfnis
öffentliches Transportmittel

Según el origen del bien se distingue entre **bien público** y **bien privado**. El primero hace referencia a los bienes ofrecidos por el **sector público** (Estado, Comunidades Autónomas, ayuntamientos etc.) **sin afán de lucro** (por ej., el transporte público o la recogida de basuras). Los segundos los ofrecen las empresas privadas con el objetivo de **obtener beneficios**. [J.M./J.S.]

öffentliches Gut
privates Gut
öffentlicher Sektor
ohne Gewinnabsicht
Gewinne erzielen

LOS SECTORES ECONÓMICOS

Wirtschaftssektoren

Los economistas consideran que la economía se divide en tres sectores de características bastante diferenciadas. Cada uno de estos sectores se divide a su vez en **subsectores, ramas** o **ramos de actividad**.

Wirtschaftszweige

El primero de los sectores económicos es el **sector primario**. En éste se incluyen todas las actividades en las cuales se obtienen directamente productos que no han sido objeto de ninguna **transformación**. Estos productos pueden provenir de la superficie de la tierra o del agua:

Primärsektor
Verarbeitung

- **agricultura**,
- **ganadería**,
- **economía forestal** o **silvicultura**,
- **pesca**.

Landwirtschaft
Viehzucht
Forstwirtschaft
Fischerei

En el **sector secundario** se realiza una transformación de los productos obtenidos en el sector primario, dando lugar a **productos elaborados**. Encontramos aquí tres subsectores:

Sekundärsektor
verarbeitete Produkte

- **industria** (que incluye **actividades** tan distintas como las **artesanales**, la **industria manufacturera** o la industria extractiva, también llamada **minería**, o la **industria pesada**),
- **construcción**,
- **sector energético**.

Industrie; handwerkliche Tätigkeiten; verarbeitende Industrie
Bergbau; Schwerindustrie; Bauwirtschaft
Energiesektor

Mientras que los dos sectores anteriores tienen en común que el resultado de la actividad económica es un **producto tangible**, en el último de los sectores, el **terciario** o **sector servicios**, el resultado es, por el contrario, un **producto intangible** o **servicio**. El terciario posee numerosos subsectores (**transporte, comercio**, **hotelería**, **servicios financieros**, etc.).

materielles Gut
Tertiär-, Dienstleistungssektor; immaterielles Gut
Dienstleistung
Transport; Handel; Hotellerie; Finanzdienstleistungen

Para ilustrar las actividades de los tres sectores económicos podemos ver lo que ocurre con un producto como el jugo de tomate. La plantación, el cuidado y la recolección de los tomates corresponderían al sector primario (agricultura), su transformación en jugo y posterior **envasado**, al sector secundario (**industria alimentaria**), y la llegada de los frascos a los **consumidores**, al sector terciario (transporte, comercio). [C.R.]

Abfüllung
Nahrungsmittelindustrie
Konsumenten

sector (n.m.)
sin.: rama, ramo;
fam.: subsector (n.m.); sectorial (adj.);
con.: sector primario/secundario/terciario; sector (de) servicios; sector (de la) construcción; sector público (*öffentlicher Sektor*); sector exterior (*Außenhandelssektor*);

agricultura (n.f.)
sin.: sector agrícola = agrario;
fam.: agricultor (n.m.); agrónomo (*Landwirtschaftsexperte*); agronomía (*Landwirtschaftskunde*); agrario = agrícola (adj.);
con.: agrícola: la explotación agraria/agrícola (*landwirtschaftlicher Betrieb*); la cooperativa agrícola (*landwirtschaftliche Genossenschaft*);

ganadería (n.f.)
sin.: sector ganadero;
fam.: ganado (n.m., *Vieh*); ganadero (adj., n.m., *Viehzüchter*);
con.: ganado: la cría de ganado (*Viehzucht*);

pesca (n.f.)
sin.: sector pesquero;
fam.: pescar (v.); pescador (n.m.); pescado (n.m.); pesquero (adj.);
con.: pesquero: la flota pesquera (*Fischereiflotte*);

industria (n.f.)
sin.: sector industrial;
fam.: industrializar (v.); industrialización (n.f.); industrial (adj., n.m., *Industrieller*);
con.: industria ligera/pesada (*Leicht-/Schwerindustrie*), industria del acero (*Stahlindustrie*);

minería (n.f.)
sin.: sector minero;
fam.: mina (n.f., *Bergwerk*); minero (adj., n.m., *Bergarbeiter*);
con.: mina: la mina de carbón (*Kohlengrube*); explotar una mina (*ausbeuten*);

construcción (n.f.)
fam.: construir (v.); constructor (adj., n.m.);
con.: construcción naval (*Schiffsbau*), construcción de viviendas (*Wohnbau*);
constructor: la (empresa) constructora (*Baufirma*).

EL DINERO Y LA MONEDA

Geld und Währung

Para entender el papel que el dinero desempeña en la economía, deben estudiarse sus distintas funciones. Básicamente el dinero se utiliza en las relaciones económicas para **adquirir bienes** y **servicios** o **liquidar deudas**. Por esta razón, el dinero (y no el **trueque**) es el **medio de pago** por excelencia. Como medio de pago, el dinero adquiere la forma de **billetes de banco**, **monedas metálicas**, **cheques**, **tarjetas de crédito**, etc.

Güter, Dienstleistungen erwerben; Schulden begleichen; Tauschhandel
Zahlungsmittel
Banknoten
Münzen; Schecks; Kreditkarten

Antiguamente, los pagos se realizaban con metales preciosos. De ahí que la forma más antigua de materializar el dinero sea **acuñar** monedas metálicas. El valor de cada moneda dependía del precio de los metales utilizados en su confección. En la actualidad, los metales no indican el valor de la moneda, sino que, como en cualquier medio de pago, su valor depende de la confianza en el **emisor** (normalmente un **banco central** bajo autorización de un Estado).

prägen

Emittent; Zentralbank

El término "moneda", aparte de referirse a las **acuñaciones** metálicas, también designa la **unidad de cuenta** de cada país. En este sentido el dólar es la unidad con la que se cuenta el dinero en Estados Unidos, el peso es la mexicana, etc. Durante mucho tiempo el valor de una moneda nacional dependió de las **reservas de oro** que tenía el banco central. Éste estaba obligado a cambiar cualquier billete que hubiese emitido por su valor en oro. Actualmente la confianza en el banco central se basa no sólo en las reservas de oro, sino también en las de **divisas** (monedas extranjeras) y otros **valores** (**préstamos** a otros países, etc.). Así se explica por qué en países en los que no existe en la población esta confianza (por ej., por una crisis) la gente intenta conseguir divisas que se consideren más fiables que la moneda nacional.

Prägungen
Rechnungseinheit

Goldreserven

Devisen
Werte; Darlehen

Otra función muy importante del dinero consiste en ser un **depósito de valor**. Esto quiere decir, que el dinero sirve para almacenar **capacidad de compra** y así, poder disponer en un momento futuro del **poder adquisitivo** que hoy no aprovechamos. Normalmente este dinero se de-

Wertaufbewahrungsmittel; Kaufkraft

Kaufkraft

posita en los bancos y de deja de tener forma material ya que no está físicamente almacenado en las **cajas fuertes** de los bancos, sino que existe en forma de números en las **cuentas** de los clientes. Esta función de depósito también es evidente en el caso de aquellas divisas que inspiran confianza y, por eso, se utilizan como **activos financieros**, es decir, como una forma de **colocar los ahorros**.
Los **inversores** aprovechan la existencia de los mercados internacionales para colocar sus riquezas en una u otra moneda. Así pueden obtenerse **beneficios** importantes con sólo **cambiar una moneda** en los momentos adecuados por otra. [J.M./J.S.]

Safes
Konten

Finanzaktiva
Ersparnisse anlegen
Anleger

Gewinne; eine Währung umtauschen

<u>dinero</u> (n.m.)
con.: ganar dinero; pagar con dinero; invertir dinero; ahorrar dinero; ingresar = depositar dinero en el banco (*Geld bei einer Bank einzahlen*)/retirar = sacar dinero; emitir dinero; crear dinero (*Geld schöpfen*); gastar dinero;
el dinero se revaloriza/pierde valor; la revalorización = la apreciación del dinero (*Geldaufwertung*)/la depreciación = la pérdida del valor del dinero (*Geldentwertung*);
dinero (en) efectivo (*Bargeld*);
el mercado de dinero (*Geldmarkt*); el poder adquisitivo del dinero (*Kaufkraft des Geldes*); la transferencia de dinero (*Geldüberweisung*);

<u>moneda</u> (n.f.)
fam.: monetario (adj.); monetarismo (n.m.); monetarista (n.m/f., adj., referente al monetarismo); monedero (n.m., *Geldbörse*);
con.: acuñar monedas (*Münzen prägen*); poner en circulación monedas (*in Umlauf bringen)*;
la moneda se deprecia (*verliert an Wert*)/se aprecia = se revaloriza (*gewinnt an Wert*); se devalúa (*wird abgewertet*)/se revalúa (*wird aufgewertet*); la moneda (se) cotiza a ... = se cambia a ... (*notiert bei ...*);
moneda fuerte/débil; moneda nacional/extranjera; moneda convertible/no convertible; moneda de curso legal (*gesetzliches Zahlungsmittel*);
moneda de oro; moneda de X euros;
la cotización = el (tipo de) cambio = el curso de una moneda (*Kurs einer Währung*);
el papel moneda (*Banknoten*); el valor de la moneda.

EL AHORRO, EL CONSUMO, LA FINANCIACIÓN Y LA INVERSIÓN

Sparen, Konsum
Finanzierung und Investition

Una persona tiene varias posibilidades de emplear sus **ingresos**. Siempre dedicará una parte a un consumo inmediato, o sea, gasta dinero para **satisfacer** sus **necesidades** más **básicas**. Si estos ingresos sobrepasan el nivel necesario para sobrevivir, puede ser que siga consumiendo hasta agotar sus ingresos, satisfaciendo cada vez más necesidades de menor importancia, aunque también puede ser que dedique una parte al ahorro. En este caso renuncia al consumo presente para garantizarse una capacidad de consumo futura.

Einkünfte
Grundbedürfnisse befriedigen

La forma más elemental de ahorro consiste en **almacenar** el dinero en una **hucha**. El inconveniente de este tipo de ahorro consiste, aparte de la inseguridad que implica, en que a causa de la **inflación** este dinero pierde poco a poco su valor. Para evitar esta **depreciación** la gran mayoría de los **ahorradores** busca **formas de ahorro** que ofrezcan mayor seguridad y una protección ante la **pérdida de valor**. Básicamente existen dos **posibilidades de colocación**: **operaciones de financiación** y **operaciones de inversión**.

aufbewahren; Sparbüchse
Inflation
Entwertung
Sparer; Sparformen
Wertverlust
Anlagemöglichkeiten
Finanzierungs- bzw. Investitionsoperationen

En las operaciones de financiación el ahorrador **cede sus recursos** a otra persona o entidad a cambio de que en un momento futuro le devuelva el **importe prestado** más unos **intereses**. Así, lo que hace el ahorrador es **conceder un crédito**.

Mittel überlassen
geliehene Summe; Zinsen; einen Kredit gewähren

En las operaciones de inversión, el ahorrador no cede sus recursos, sino que los **coloca en un negocio** del que, precisamente por **aportar sus fondos**, se hace **socio**. De esta manera el ahorrador, convertido ahora en **inversor**, intenta obtener una **rentabilidad** mayor que la ofrecida por las operaciones de financiación. Normalmente este tipo de operaciones también conlleva riesgos mayores. Puesto que para la gran mayoría de los ahorradores no es posible **administrar sus ahorros**, se dirigen a un **banco** o a otra **institución financiera** que se encargan de **gestionar** estos **recursos** en forma de créditos (operaciones de financiación) o colocándo-

in einem Geschäft anlegen; seine Mittel einbringen; Teilhaber
Investor
Rentabilität
ihre Ersparnisse verwalten; Bank
Finanzinstitut
Mittel verwalten

los en otros negocios (operaciones de inversión, por ej., la **compra de acciones** de una empresa). — Aktienkauf

Tanto las operaciones de financiación como las de inversión son sumamente importantes para el funcionamiento de la economía. Al final, tanto unas como otras **facilitan** fondos a las industrias del país y posibilitan la producción de los bienes que se consumirán en el futuro. Por esta razón se habla muy positivamente de las **inversiones productivas**. — verschaffen; produktive Investitionen

Aquellas inversiones cuya finalidad es tan sólo el aumento del capital invertido reciben muchas veces el nombre de **especulación** y no se consideran tan positivas. No obstante, tampoco son perjudiciales para la economía si al final estos recursos **posibilitan** la financiación e inversión empresarial. [J.M./J.S.] — Spekulation; ermöglichen

<u>inversión</u> (n.f.)
fam.: invertir (v.); inversor (n.m.); inversionista (en Latinoamérica; n.m.);
con.: efectuar una inversión; fomentar = incentivar/frenar la inversión; amortizar una inversión; una inversión es ventajosa = beneficiosa/desacertada = errónea = mala; inversión de capital; inversión en títulos = mobiliaria (*Wertpapierinvestition*); en inmuebles = inmobiliaria; inversión a corto/a largo plazo; a plazo fijo; bruta/neta; financiera; industrial; pública/privada;

<u>ahorro</u> (n.m.)
fam.: ahorrar (v.); ahorrador (n.m., *adj., Sparer, sparsam*); ahorrativo (adj.); ahorrista (en Latinoamérica; n.m.);
con.: el ahorro aumenta/disminuye; fomentar = estimular/destruir, penalizar el ahorro; colocar ahorros; retirar los ahorros (*die Ersparnisse abheben*);
la caja de ahorros (*Sparkasse*); la cartilla = la libreta de ahorros (*Sparbuch*);
ahorro vivienda (*Bausparen*); ahorro de energía, de tiempo ...;

<u>consumo</u> (n.m.)
fam.: consumir (v.); consumidor (n.m.); consumición (de una bebida; n.f.); consumista (adj. peyorativo; indica el consumo irresponsable);
con.: el consumo aumenta/disminuye; estimular/penalizar = gravar el consumo;
consumo de gasolina, de materias primas; consumo per cápita (*pro Kopf*);
la sociedad de consumo; los bienes de consumo (*Konsumgüter*); la cooperativa de consumo (*Konsumgenossenschaft*).

LA ECONOMÍA DE MERCADO

Marktwirtschaft

La economía de mercado o liberal se fundamenta en la existencia de un espacio ideal, el mercado, donde se producen las relaciones económicas. Esto quiere decir que por mercado se entiende el ámbito (que puede ser un país, un sector etc.) donde se encuentran la **demanda** y la **oferta** para fijar los precios de los productos.

La idea básica del mercado es que los **agentes económicos** (**oferentes** y **demandantes** de **bienes** y **servicios**) persiguen únicamente su interés individual; sin embargo, la suma de los egoísmos personales conduciría al **bienestar** general.

Condición fundamental para el buen funcionamiento del mercado es que la intervención del Estado en la economía sea la menor posible, o si se puede, nula. Sólo se valora positivamente una intervención dirigida a defender la **libre competencia** entre los agentes.

Muchos economistas consideran la economía de mercado, también llamada capitalista, como bastante eficiente, pero critican las enormes diferencias sociales que se dan incluso en algunos países muy ricos.

Los defensores del sistema de mercado, y sobre todo los llamados **monetaristas**, niegan la anterior afirmación echando la culpa de los problemas sociales en primer lugar a la excesiva intervención del Estado, que tiene un papel nada despreciable a nivel económico, incluso en los países considerados más liberales, como Estados Unidos o Japón; en segundo lugar a las restricciones al **libre comercio** internacional, y en último lugar, aunque en menor medida que los anteriores, a la existencia de **monopolios**, **grupos de presión** o **cárteles**. Estos factores impiden el funcionamiento ideal del mercado (**competencia perfecta**).

La reacción más fuerte contra la economía liberal vino del marxismo. Según esta corriente de pensamiento, una minoría de capitalistas, poseedores de los **medios de producción** y amparados por el Estado, se benefician de las **plusvalías** que obtienen de las clases oprimi-

Nachfrage
Angebot
Wirtschaftssubjekte
Anbieter; Nachfrager
Güter; Dienstleistungen
Wohlstand
freier Wettbewerb
Monetaristen
Freihandel
Monopole
Interessensgruppen; Kartelle
vollkommener Wettbewerb
Produktionsmittel
Mehrwert

das, que constituyen la mayoría de la población. En numerosos países del mundo, en los que el poder, sobre todo tras la Segunda Guerra Mundial, cayó en manos de los partidos comunistas, se desarrolló el sistema de **economía planificada**, en el cual el Estado controla el funcionamiento de la economía nacional.

Planwirtschaft

Una cierta alternativa a los anteriores la constituye el **Estado de bienestar** en el cual conviven los principios del mercado con una intervención estatal muy fuerte, sobre todo en campos como la **Seguridad Social** o la educación.

Wohlfahrtsstaat

Sozialversicherung

Este sistema se impuso en numerosos países europeos occidentales dirigidos por partidos socialdemócratas, pero se ve ahora muy criticado por su alto **gasto público** y por la elevada **deuda pública** en relación al **producto interior bruto**.

Ausgaben d. öffentlichen Hand; Staatsverschuldung; Bruttoinlandsprodukt

En todos estos países se tiende en la actualidad a posiciones mucho más liberales que, sin embargo, a veces son negativas para los sectores más pobres de la población. [C.R.]

mercado (n.m.)

fam.: mercadería (en Latinoamérica) = mercancía (n.f., *Ware*); mercadotecnia (en México; n.f., *Marketing*); mercadeo (en Centroamérica; n.m., *Marketing*);

con.: abrir/cerrar un mercado; liberalizar/regular un mercado; buscar nuevos mercados; explotar el mercado; saturar el mercado (*den Markt sättigen*); dominar el mercado; mercado exterior/interior; local/nacional/internacional; bursátil; financiero; inmobiliario; mercado de frutas y verduras; mercado de trabajo;
mercado negro; mercado transparente;
la evolución del mercado (*Marktentwicklung*); el comportamiento del mercado (*Marktverhalten*); las condiciones del mercado (*Marktbedingungen*); la economía de mercado libre (*freie Marktwirtschaft*); el análisis del mercado; el estudio = la investigación de mercado (*Marktforschung*); el segmento del mercado; el nicho de mercado (*Marktnische*); el hueco del mercado (*Marktlücke*); la cuota de mercado (*Marktanteil*); el precio de mercado (*Marktpreis*); la recuperación del mercado; la regulación del mercado.

LA OFERTA Y LA DEMANDA

Angebot und Nachfrage

La ley básica de la **economía de mercado** es la de la oferta y la demanda.
El comportamiento de la demanda de un producto se representa gráficamente a través de una **curva de demanda**, que pone en relación los precios de un producto con la cantidad de este mismo producto que los **consumidores** quieren comprar. De acuerdo con esta curva, un **demandante** de productos o consumidor estaría dispuesto a consumir más cantidades de producto cuanto más bajo fuera el precio de éste.
La curva de demanda para los diversos productos no es siempre igual. Existen curvas de demanda **elásticas** e **inelásticas.**
Vamos a ver esto con dos productos típicos:
Una unidad de consumo, por ej., una familia, no desearía comprar enormes cantidades de tomates o frutas, sólo porque se pudieran obtener más baratos; en cambio, muchos estarían dispuestos a llenar la casa de botellas de cerveza con tal de que las pudieran comprar algunos céntimos por debajo del precio habitual. Se llega así a la conclusión de que los tomates (**alimento** o **bien de consumo perecedero**) tienen una demanda más inelástica que la cerveza (alimento o **bien de consumo** relativamente **duradero**).
La curva de demanda muestra sólo las tendencias de los demandantes, pero no las cantidades que realmente se compran y se consumen, pues ello depende también de los deseos de los **oferentes** o **vendedores** del producto.
La **curva de oferta** funciona de forma inversa a la de demanda. A un precio alto los oferentes desearían vender grandes cantidades de producto; a un precio bajo, cantidades más pequeñas. La elasticidad de la curva depende, como ya vimos en la curva de la demanda, del producto en cuestión.
Los demandantes y los oferentes tienen actitudes contrarias en el mercado.
Los primeros quieren comprar mucho y barato, los segundos vender mucho y caro. Si se mantu-

Marktwirtschaft
Nachfragekurve
Konsumenten
Nachfrager
elastisch; unelastisch
Nahrungsmittel
verderbliches Konsumgut
langlebiges Konsumgut
Anbieter; Verkäufer
Angebotskurve

viera esta tendencia, podría darse el caso de que casi nadie comprara ni vendiera. Para poder comprar o vender, los demandantes y oferentes se ven obligados a ceder para llegar a un acuerdo. Este compromiso se refleja en el punto en el que se cruzan las curvas de oferta y demanda, que es el llamado **punto de equilibrio**. Este punto, que es el que satisface de la mejor manera posible los deseos de oferentes y demandantes, nos indica tanto la cantidad como el precio al que ambos están dispuestos a vender y comprar el producto. [C.R.]

Gleichgewichtspunkt

<u>oferta</u> (n.f.)
fam.: ofertar (v.) = ofrecer (v.); oferente (n.m.) = ofertante (n.m.); ofrecimiento (n.m.);
con.: hacer = presentar una oferta; considerar una oferta (*ein Angebot in Erwägung ziehen*); aceptar/rechazar una oferta; aumentar la oferta (*ein Angebot erhöhen*);
la oferta puede ser abundante/escasa; especial = extraordinaria; inicial (*erstes Angebot*)/final (*Letztgebot*); la mejor oferta (*Höchstgebot*);
oferta de empleo (*Stellenanzeige*); de mano de obra (*Arbeitskräfte*); de compra (*Kaufangebot*); de venta (*Verkaufsangebot*); de mercancías; de servicios;
el aumento/la caída de la oferta; la curva de la oferta; la elasticidad de la oferta;

<u>demanda</u> (n.f.)
fam.: demandar (v.); demandante (n.m., adj.);
con.: crear demanda (*schaffen*); cubrir la demanda (*decken*); satisfacer la demanda (*befriedigen*);
demanda escasa (*geringe Nachfrage*)/excesiva (*Überbedarf*);
la demanda de empleo; de mano de obra; de los consumidores; de productos de primera necesidad (*lebensnotwendiger Bedarf*); de productos alimenticios; de bienes de lujo; de viviendas (*Wohnungsbedarf*); de energía;
el aumento/la caída = el debilitamiento = la reducción de la demanda; la curva de la demanda; la elasticidad de la demanda; el monopolio de la demanda.

LOS MONOPOLIOS Y LOS OLIGOPOLIOS

Monopole und Oligopole

El monopolio es una empresa o institución que controla la **demanda** o la **oferta** de un determinado producto en un **mercado**. El **monopolio** puede ser **de oferta** o **de demanda** (**monopsonio**), y público o privado. Muchos servicios estatales tienen una posición de monopolio. Así, por ej., muchas compañías ferroviarias estatales europeas, como la RENFE en España, funcionaban como un monopolio de oferta, pues eran prácticamente las únicas que ofrecían servicios ferroviarios en el país; al mismo tiempo constituían un monopolio de demanda en lo que se refiere a la compra de material ferroviario. Los monopolios privados son más raros. En los países desarrollados se dan sobre todo en el caso de productos muy específicos (por ej., los personajes de Walt Disney están centralizados por una única empresa que otorga permisos para su uso); en países menos desarrollados es común que grandes empresas, normalmente extranjeras, disfruten del monopolio de concesiones de determinadas **materias primas**. No hay que olvidar tampoco las antiguas luchas entre Coca-Cola y Pepsi por poseer el **monopolio de ventas** de bebidas de cola en países con mercados gigantescos y sistemas políticos autoritarios como, por ej., en el caso de la antigua Unión Soviética o China.

Nachfrage; Angebot
Markt
Angebotsmonopol; Nachfragemonopol; Monopson
Rohstoffe
Verkaufsmonopol

La posición de estos dos productores de bebidas en la mayoría de los países correspondería, sin embargo, a un **duopolio** de oferta (dos **competidores** se reparten el mercado de un país). Naturalmente el número de empresas que controlan el mercado puede ser mayor, pero si es muy limitado se habla de oligopolio (o de **oligopsonio** si es un oligopolio de demanda). El principal inconveniente del monopolio o del oligopolio (pese a la existencia en la mayoría de los países de leyes antimonopolio) es que las empresas aprovechen su **posición en el mercado** para fijar los precios que deseen, o para impedir a otros posibles competidores la **entrada en el mercado.**

Duopol
Konkurrenten
Oligopson
Marktposition
Markteintritt

En algunos casos la posición de oligopolio endurece la **competencia** y conduce a precios bajos, pero impide la aparición de nuevas empresas (¿alguien se imagina una tercera bebida de cola de importancia internacional?); en otros, sin embargo, por ej., a través de **acuerdos entre empresas**, puede conducir a un nivel de precios elevado.

Konkurrenz

Absprachen zwischen Unternehmen

En la actualidad hay una gran corriente a favor de la **privatización** de los **monopolios estatales**. Sin embargo, antes de proceder a esta privatización habría que fijar unos criterios muy definidos, ya que no todas han sido exitosas; así por ej. la privatización del agua y los ferrocarriles en el Reino Unido ha perjudicado mucho a los usuarios, porque las empresas resultantes tras la privatización no se han coordinado adecuadamente entre sí, ni han realizado las obras de infraestructura necesarias para garantizar un buen servicio. [C.R.]

Privatisierung; Staatsmonopole

<u>monopolio</u> (n.m.)
fam.: monopolizar (v.); monopolista (n.m., adj.); monopolístico (adj.);
con.: establecer = constituir un monopolio (*errichten*); fomentar un monopolio (*fördern*); prohibir/permitir los monopolios; disolver un monopolio (*ein Monopol auflösen*); monopolio de abastecimiento (*Versorgungsmonopol*); bancario (*Bankmonopol*); de demanda = compradores *(Nachfragemonopol)*/de oferta *(Angebotsmonopol)*; de Estado = estatal (*Staatsmonopol*); natural; el precio de monopolio (*Monopolpreis*); <u>monopolístico</u>: el acuerdo monopolístico (*Monopolabkommen*); la empresa monopolística; la industria monopolística; la posición monopolística (*Monopolstellung*);

<u>oligopolio</u> (n.m.)
fam.: oligopolístico (adj.); oligopolista (adj.); oligopsonio (n.m., *Oligopson*);
con.: oligopolio de demanda; oligopolio de oferta.

EL PRODUCTO INTERIOR BRUTO, EL PRODUCTO NACIONAL BRUTO Y LA RENTA NACIONAL

Bruttoinlandsprodukt
Bruttosozialprodukt und Volkseinkommen

El producto interior bruto (**PIB**) es una medida de la **capacidad productiva** de un área geográfica determinada (normalmente un país) en un periodo determinado (normalmente un año). Indica el valor de la producción total de aquellos **bienes** y **servicios** que no entran otra vez en el proceso productivo en el área considerada (**bienes** y servicios **finales**).

BIP
Leistungsfähigkeit
Waren; Dienstleistungen
Endprodukte

En la **contabilidad nacional** para evitar que el valor de un producto se registre dos o más veces no se toman en consideración los **bienes intermedios.** Así, por ej., el valor de los distintos componentes electrónicos (bienes intermedios) está contenido en el valor total de un ordenador (bien final) y, por lo tanto, no entra en el cálculo del PIB. Si, en cambio, estos componentes se exportan al extranjero, pasan a considerarse bienes finales, por lo cual se registran en el PIB.

volkswirtschaftliche Gesamtrechnung
Zwischenprodukte

Otra fórmula de cálculo del PIB suma al precio de las **materias primas** el **valor añadido** en cada fase del proceso de producción hasta conseguir el bien final.

Rohstoffe; Wertzuwachs

Como hemos dicho, el PIB registra lo que se produce dentro de las fronteras políticas de un área, a diferencia del producto nacional bruto (**PNB**), cuyo criterio básico es la nacionalidad de la empresa. De esta manera el PIB de un país registra también lo que producen las empresas extranjeras ubicadas en este país, pero no tiene en cuenta la producción de las empresas nacionales en el extranjero.

BSP

Existen dos tipos de PIB o PNB: el primero, y más frecuente, **a precios de mercado**, es decir, sumando simplemente los precios que hay que pagar por los productos, y el segundo **al coste de los factores**, deduciendo del primero los **impuestos indirectos** y añadiendo las **subvenciones**.

zu Marktpreisen
zu Faktorkosten
indirekte Steuern; Subventionen

Si además se toman en consideración las **amortizaciones**, es decir, la pérdida de valor que sufren los **bienes de capital** (por ej., las

Abschreibungen
Kapitalgüter

máquinas) utilizados en la producción, se llega al **producto interior** o al **producto nacional neto**. El producto nacional neto al coste de los factores equivale a su vez a la **totalidad de los ingresos** que reciben los habitantes de un país, es decir, a la renta nacional.

Nettoinlands-/-sozialprodukt
Gesamtheit der Einkünfte

El cálculo de la renta nacional no se realiza desde el punto de vista de la producción, sino desde los ingresos de todos los residentes en esa nación. Estos ingresos provienen, básicamente, de **salarios**, **intereses** y **dividendos**.

Löhne, Zinsen; Dividenden

Los indicadores enumerados, especialmente en su forma **per cápita** (total dividido por el número de habitantes), se utilizan generalmente como indicadores del **bienestar** de un país. Sin embargo, no hay que olvidar que no toman en consideración ni las actividades de la **economía sumergida**, ni el **trabajo no remunerado** (por ej., el de las amas de casa), ni los efectos negativos de la actividad productiva, como, por ej., la **contaminación del medio ambiente**, ni valores como justicia, solidaridad, libertad ciudadana, etc.

pro Kopf
Wohlstand
Schattenwirtschaft
unbezahlte Arbeit
Umweltverschmutzung

Por ello, aparecen cada vez más nuevos indicadores, por ej., el **Coeficiente de Gini**, que intentan medir el bienestar de la población de un país tomando en consideración la **distribución equitativa** de la renta. [J.S.]

Gini-Koeffizient
gleichmäßige Verteilung

Producto Interior Bruto (PIB) (n.m.)
sin.: Producto Interno Bruto (sobre todo en Latinoamérica); Producto Bruto Interno = PBI (Argentina, Perú, Uruguay); Producto Geográfico Bruto = PGB (Chile);

Producto Nacional Bruto (PNB) (n.m.)
sin.: Producto Bruto Nacional (Argentina, Perú, Uruguay).

LA COYUNTURA

Konjunktur

Muchas veces escuchamos que la mala coyuntura económica internacional es la responsable de los males que sufre un país. De esta manera se intenta justificar la mala situación de la economía de un país por la influencia de factores no controlables por el Gobierno. Por otra parte, con estas afirmaciones se quiere ofrecer la imagen de que los problemas son momentáneos y que tarde o temprano desaparecerán. En el fondo el significado del término "coyuntura" hace referencia a la situación económica en un momento determinado. Por el contrario, cuando se habla de "problemas estructurales" de la economía se hace referencia a las dificultades de carácter permanente y difícilmente modificables.

Cuando se presenta un análisis sobre la situación de un país en un momento dado, lo que se quiere conseguir es determinar la posición de este país respecto a situaciones anteriores y respecto a otros países. De esta manera se facilitan las comparaciones, se revisan las previsiones y se sacan nuevas conclusiones. Para ello los analistas utilizan toda una serie de indicadores que abarcan tanto el **producto interior bruto** (PIB), la **tasa de paro** y el **índice de los precios de consumo**, como por ej., el **consumo de cemento** o la **matriculación de coches**.

Bruttoinlandsprodukt
Arbeitslosenrate; Verbraucherpreisindex; Zementverbrauch; Kfz-Neuzulassungen

Normalmente, se espera que estos análisis muestren una evolución positiva de la actividad económica. Esto quiere decir, que la situación coyuntural se considera buena si los indicadores confirman el **crecimiento económico** o si pueden interpretarse como señales de una **recuperación**. En este segundo caso se dice que se está cambiando de fase en el **ciclo económico**, puesto que muchos economistas sostienen que en la marcha de la economía siempre hay momentos de **auge** y momentos de **depresión** que en su conjunto forman un ciclo que va repitiéndose.

Wirtschaftswachstum
Erholung

Wirtschaftszyklus

Aufschwung; Abschwung

Si bien los análisis de coyuntura observan, como hemos dicho, el comportamiento de muchas variables económicas, por crecimiento económico se entiende normalmente un aumento del producto interior bruto, es decir, de la producción de bienes y servicios. En países con una industrialización deficiente, como eran después de la Segunda Guerra Mundial los países europeos y hoy en día son los **países del Tercer Mundo**, un incremento del PIB efectivamente equivale a una mejora del **bienestar** de la población. En los **países desarrollados**, sin embargo, se critica cada vez más la valoración de la situación económica únicamente en función del crecimiento de la producción. El desarrollo, entendido como mejora de la **calidad de vida**, no siempre se consigue mediante una mayor actividad del **aparato productivo**. Así, parece absurdo suponer que el bienestar de la gente mejora, por ej., mediante incrementos en la producción de bombas atómicas o la construcción de cárceles. Además, el concepto de crecimiento económico sólo contempla el resultado de la producción y no toma en consideración que muchas veces el proceso productivo conlleva o incluso se debe a destrucciones que tarde o temprano hay que reparar. Dos buenos ejemplos en este contexto serían la destrucción del **medio ambiente** o cualquier accidente de tráfico; ambos implican poner en marcha mecanismos que aumentan el producto interior bruto (servicios sanitarios, mecánicos, etc.) pero que en realidad no significan una mejora de la situación económica de la población.

Por tanto, a menudo se afirma que estos análisis deben complementarse con la introducción de otros indicadores que tengan en consideración factores como el ocio, la salud o la seguridad de la población, tal como lo hace el **Índice de Desarrollo Humano (IDH)**. [J.M./J.S.]

Länder der Dritten Welt

Wohlstand

entwickelte Länder

Lebensqualität

Produktionsapparat

Umwelt

Human Development Index (HDI)

LOS INGRESOS Y LA RENTA

Por ingreso se entiende cualquier **remuneración** percibida por los **agentes económicos**. Si el ingreso se percibe periódicamente se denomina "renta".

Esta remuneración normalmente es consecuencia de alguna contribución a la **producción de bienes y servicios**. Sin embargo, existen ingresos que provienen de **transferencias realizadas por el Estado** (**subvenciones**, **becas**, **subsidios**, etc.).

Se pueden clasificar los ingresos según el **perceptor** que los recibe:

1. El Estado tiene los **tributos** como principal **fuente de ingresos** (en primer lugar los **impuestos**).
2. Las **empresas** ingresan el importe de sus **ventas** (la **cifra de negocios**). De esta suma hay que deducir los distintos **costes en los que incurre la empresa** por su actividad productiva para obtener el **beneficio** o las **ganancias**. Este beneficio luego se reparte entre los **socios** dando lugar a las **rentas de capital** (por ej., **dividendos**).
3. Los **trabajadores por cuenta ajena** ingresan o **sueldos** (en el caso de los **empleados**) o **salarios** (en el caso de los **obreros**), aunque hoy en día los dos términos se usan muchas veces como sinónimos.

A final de mes la empresa entrega al trabajador la **hoja salarial** donde aparecen, por una parte:

- el importe del **sueldo base**,
- los **pluses del convenio**,
- los pluses voluntarios de la empresa,
- las **primas** (**incentivos sobre la productividad**),
- las **comisiones** (un porcentaje sobre los resultados del trabajo),
- las **pagas extraordinarias** (normalmente dos pagas dobles al año),
- las **dietas** (**compensaciones por** algunos **gastos** del trabajador) y
- las **liquidaciones de viajes**.

Einkünfte und Einkommen
Entlohnung; Wirtschaftssubjekte
Produktion von Gütern und Dienstleistungen
staatliche Transferzahlungen; Subventionen
Stipendien; Beihilfen
Bezieher
Abgaben
Einnahmequelle; Steuern
Unternehmen; Verkäufe
Umsatzerlös
Kosten, die das Unternehmen zu tragen hat
Gewinn
Gesellschafter
Kapitalerträge; Dividenden
unselbstständig Beschäftigte; Gehälter; Angestellte; Löhne; Arbeiter
Lohnzettel
Grundgehalt
kollektivvertraglich vereinbarte Zuschläge
Prämien; Produktivitätszulagen
Provisionen
Sonderzahlungen
Diäten; Aufwandsentschädigungen
Reisekostenabrechnung

Por otra se muestran:

- las **cotizaciones a la Seguridad Social**,
- las **retenciones fiscales**,
- las **contribuciones al Seguro del Desempleo,**
- las **cuotas sindicales**.

Esta hoja salarial recibe comúnmente el nombre de **nómina** (término que se usa a veces en el sentido de salario).

4. En el **sector agrario** o en la **construcción** aún pueden encontrarse salarios que se pagan diariamente por lo que se denominan **jornales**.

5. Los **trabajadores por cuenta propia** y especialmente las **profesiones liberales** ingresan **honorarios** por los trabajos prestados.

6. Si los trabajadores no consumen todos sus ingresos también tienen la posibilidad de obtener rentas procedentes de la **colocación de** sus **ahorros**. Estas tienen normalmente la forma de **intereses** (para el **capital financiero**) o **alquileres** (para el **capital inmobiliario**). [J.M./J.S.]

Sozialversicherungsbeiträge; steuerliche Abzüge
Beiträge zur Arbeitslosenversicherung
Gewerkschaftsbeiträge

eigentl.: Lohnliste des Unternehmens
Landwirtschaft; Bauwesen
Tagelöhne
selbstständig Beschäftigte; freie Berufe
Honorare

Anlage von Erspartem

Zinsen; Geldkapital; Miete; Immobilienvermögen

<u>renta</u> (n.f.)

sin.: ingresos (n.m.)

fam.: rentar (v., *Gewinn abwerfen*); rentabilidad (n.f., *Rentabilität*); rentable (adj., *rentabel*); rentista (n.m., *Rentier*);

con.: cobrar = recibir = percibir = obtener una renta (*beziehen*); dar una buena renta (*sich lohnen*); vivir de sus rentas (*von den Zinsen seines Vermögens leben*);
renta anual (*Jahreseinkommen*); media (*Durchschnittseinkommen*); fija (*festes Einkommen*); nacional (*Volkseinkommen*); per cápita (*Pro-Kopf-Einkommen*); del trabajo (*Arbeitseinkommen*); vitalicia (*Leibrente*); de inversión (*Einkommen aus Vermögensanlage*); de valores (*Rendite*);
el impuesto sobre la renta de las personas físicas, IRPF (*Einkommenssteuer*); renta imponible (*steuerpflichtiges Einkommen*); neta (*Nettoeinkommen*); nivel de la renta (*Einkommenshöhe*);
rentas públicas = del Estado = del fisco (*Staatseinkommen*);
los títulos = los valores de renta fija/de renta variable *(Wertpapiere* mit *festem/variablem Ertrag*).

LA DISTRIBUCIÓN DE LA RENTA, EL NIVEL Y LA CALIDAD DE VIDA

Einkommensverteilung; Lebensstandard und -qualität

Pro-Kopf-Einkommen

La **renta nacional per cápita** suele ser la medida más utilizada cuando se efectúan comparaciones respecto al nivel de riqueza de los habitantes de distintos países. A la cabeza de la riqueza mundial se encuentran países como Kuwait o los Emiratos Árabes Unidos. ¿Quiere esto decir que es en estos países donde mejor se vive? Aunque la renta per cápita de estos países sea muy elevada, es un hecho conocido que hay unas pocas familias inmensamente ricas, mientras que una buena parte de la población (sobre todo los inmigrantes extranjeros) vive en condiciones bastante míseras.
Surge así el problema de la distribución social de la renta. Esta distribución es sumamente desigual, ya que una pequeña parte de los perceptores de renta concentran gran parte de ésta.
Esto es válido especialmente en los países pobres, pero también, aunque en menor medida, en los países más desarrollados.
Parecidas diferencias se encuentran a nivel regional; por ej., en España, la renta regional per cápita del País Vasco o Navarra casi duplica la de Extremadura o Andalucía.
Sin embargo, esto no significa automáticamente que en una región o país se viva el doble de bien que en otro sólo porque la renta sea el doble.
En primer lugar aparecen mecanismos correctores por la **redistribución del Estado** a través del **gasto público** (que **invierte** en la enseñanza, las infraestructuras o mediante la **Seguridad Social**, etc.) y también de los organismos internacionales (por ej., la **Unión Europea** con sus **fondos estructurales y de cohesión**). A estos niveles puede ser muy interesante considerar en lugar de la renta per cápita, la **renta familiar** disponible per cápita.
Ésta procede de la renta per cápita de la que se deducen los **impuestos directos**, y se le añaden las **prestaciones sociales** recibidas de las

staatliche Umverteilung
öffentliche Ausgaben; investieren; Sozialversicherung
Europäische Union
Struktur- und Kohäsionsfonds

Haushaltseinkommen

direkte Steuern
Sozialleistungen

administraciones públicas. Sobre todo en países con un desarrollado sistema social, como son los de Europa Occidental, los mecanismos de compensación a nivel social favorecen a las clases más pobres y a nivel regional a las zonas más atrasadas. Es difícil que estos mecanismos lleven a una igualación completa del nivel de renta de las clases sociales, regiones o países, pero al menos contribuyen a que no aumenten las diferencias o incluso a que se vayan reduciendo.

öffentliche Verwaltung

El segundo mecanismo corrector es el **nivel de precios**: éste suele ser bastante más bajo en las zonas pobres que en las ricas.

Preisniveau

Como podemos ver, necesitamos conocer los mecanismos de redistribución y los niveles de precios en cada zona para poder establecer el nivel de vida o **poder adquisitivo** de las **familias** en cada región o clase social.

Kaufkraft; Haushalte

Más difícil aún sería poder establecer diferencias respecto a la calidad de vida, pues ésta depende, en buena medida, de consideraciones distintas a la renta monetaria, como son la ausencia de **contaminación**, ruido o delincuencia, existencia de buenas relaciones sociales humanas, etc. Aunque muchos de estos parámetros no son fácilmente cuantificables, se podría afirmar que no siempre se vive mejor en una zona más rica que en una pobre y que no siempre las mejoras en el nivel material de vida van unidas a mejoras en la calidad de vida. [C.R.]

Verschmutzung

<u>nivel (n.m.) de vida</u>

sin.: estándar (n.m.) de vida; nivel de bienestar económico;

con.: el nivel de vida mejora/empeora; sube/baja; es alto/bajo.

LOS PAÍSES INDUSTRIALIZADOS, LOS PAÍSES EMERGENTES Y LOS PAÍSES EN VÍAS DE DESARROLLO

Industrie-, Schwellen- und Entwicklungsländer

Los tres conceptos definen el **estado de desarrollo** económico de los diversos países.

El primero de ellos, país industrializado, es sinónimo de país rico o desarrollado. Éste es, por ej., el caso muchos de los países de la **OCDE (Organización de Cooperación y Desarrollo Económico)**. El concepto de país industrializado no implica necesariamente que estos países tengan mucha industria; de hecho, ésta puede tener mucha más importancia en el **producto interior bruto (PIB)** o en la **población activa** de un país menos desarrollado, por ej., en Rumanía o China, que en Alemania o Estados Unidos.

Los países industrializados se caracterizan por poseer **sectores primarios** y **secundarios** muy **intensivos en capital**, con gran productividad y alto grado de especialización. Los **servicios** son, sin embargo, el sector más notable en la economía de estos países. Se trata por lo general de servicios especializados, tanto privados como públicos (financieros, transporte, sanitarios, etc.).

Una característica importante en muchos de estos países (sobre todo europeos) es la existencia de un **sistema social** muy desarrollado basado en la intervención estatal (**Estado de bienestar**).

El segundo concepto, países emergentes (o nuevos países industrializados), se refiere a los que se encuentran en un nivel intermedio de desarrollo. Lo que caracteriza a estos países es una industria desarrollada, aunque no siempre muy moderna, y relativamente **intensiva en mano de obra**. El sector primario y el **sector terciario** pueden ser importantes, aunque suelen estar bastante atrasados. Estas economías se orientan actualmente hacia la **exportación** aprovechan-

Entwicklungsstand

OECD (Organisation für wirtschaftliche Zusammenarbeit und Entwicklung)

Bruttoinlandsprodukt; BIP; Erwerbsbevölkerung

Primär-/Sekundärsektoren; kapitalintensiv

Dienstleistungen

Sozialsystem

Wohlfahrtsstaat

arbeitskräfteintensiv

Tertiärsektor

Export

do los bajos **costes de la mano de obra**. La situación de los países emergentes, entre los que se cuentan algunos ex-comunistas, latinoamericanos y asiáticos, es muy cambiante. Pueden pasar de periodos de relativa prosperidad a otros de grave crisis. Países emergentes muy característicos son los miembros del grupo de coordinación llamado BRICS, formado por Brasil, Rusia, India, China y Sudáfrica.

Arbeitskosten

Por último, encontramos los países en (vías de) desarrollo, también llamados de forma políticamente incorrecta **subdesarrollados** o del **Tercer Mundo**. Estos países mantienen una dependencia muy fuerte del sector primario. A menudo sus exportaciones dependen de unas pocas **materias primas**, mientras que importan **productos elaborados**. La industria suele ser poco importante y en los servicios se dan actividades poco o nada productivas (servicios personales, **comercio ambulante**, etc.). Por lo general poseen una enorme **deuda externa** y una gran dependencia de los países desarrollados y de los organismos financieros internacionales. Ésta es la situación de la mayoría de los países de África, o algunos de Asia o de América Latina. [C.R.]

unterentwickelt
Dritte Welt

Rohstoffe
verarbeitete Produkte

Straßenhandel

Auslandsverschuldung

<u>desarrollo</u> (n.m.)
fam.: desarrollar(se) (v.); subdesarrollo (n.m.); desarrollismo (n.m.);
con.: desarrollo económico; industrial; tecnológico;
países desarrollados; países en (vías de) desarrollo = subdesarrollados;
ayudas al desarrollo; programas/política de desarrollo;
tasa de desarrollo; nivel avanzado/intermedio/bajo de desarrollo;

<u>deuda</u> (n.f.)
fam.: endeudarse (v., *sich verschulden*); adeudar (v., *schulden*); deudor (n.m.); endeudamiento (n.m., *Verschuldung*); (estar) endeudado (adj.);
con.: contraer una deuda (*Schulden machen*); tener muchas = estar cargado de deudas (*hohe Schulden haben*); pagar = amortizar las deudas; perdonar = condonar una deuda (*Schuld erlassen*);
deuda pública = deuda del Estado (*Staatsverschuldung*); deuda exterior = externa; la amortización de la deuda (*Schuldentilgung*); los intereses de la deuda (*Schuldenzinsen*); el servicio de la deuda (*Schuldendienst*); la condonación de la deuda.

EL DESARROLLO SOSTENIBLE

nachhaltige Entwicklung

Desde 1900 (con una fuerte aceleración desde mediados del siglo XX), la **población mundial** se ha multiplicado por tres, la producción mundial por más de veinte, el consumo de **combustibles fósiles** por treinta.

Weltbevölkerung

fossile Brennstoffe

Esta fuerte expansión, sin embargo, ha sido muy desequilibrada. Hoy en día, el 20% de la población mundial se apropia del 80% de los **recursos** del planeta y del 85% de la riqueza económica. Si quisiéramos que toda la población mundial alcanzara el **nivel económico** del **estadounidense medio** actual, habría que multiplicar por siete el presente nivel de actividad económica mundial.

Ressourcen

wirtschaftliches Niveau; Durchschnittsamerikaner

Con la aparición de los primeros síntomas de **crisis medioambiental**, hacia 1970 empezó a difundirse la idea de que en un sistema cerrado como la Tierra tenía que haber necesariamente "**límites al crecimiento**" (así el título de un best-seller de entonces). Para referirse a esta nueva manera de enfocar el problema del desarrollo, concebido hasta entonces en términos puramente económicos, un informe de la ONU popularizó, en 1986, el término "desarrollo sostenible" (o "**sustentable**", como se prefiere en Latinoamérica), definido como desarrollo que satisface las necesidades del presente sin limitar las posibilidades de satisfacer las necesidades de las generaciones futuras.

Umweltkrise

Grenzen des Wachstums

nachhaltig

Hoy se está de acuerdo en que los mercados por sí mismos no toman en consideración muchas **externalidades** negativas de la actividad económica, es decir, efectos negativos sobre el **medio ambiente** o la sociedad que no se reflejan en los **precios de mercado**. Por eso hay que garantizar el bienestar social y ambiental sin renunciar a las ventajas del libre mercado.

Externalitäten

Umwelt

Marktpreise

Para combatir problemas de dimensión planetaria como el **efecto invernadero**, el **agujero de ozono** o la **lluvia ácida**, hace falta una colaboración a nivel internacional con miras a reducir las **emisiones dañinas**.

Treibhauseffekt; Ozonloch; saurer Regen

schädliche Emissionen

Otros fenómenos como la **deforestación** de las selvas tropicales, la **sobrepesca** de los mares y muchos más necesitan, normalmente, acuerdos supranacionales.
A nivel nacional, para reconciliar la **economía** con la **ecología**, los gobiernos pueden valerse de normas y leyes, de campañas de **concienciación** de la población (**reciclaje** de **desechos,** etc.) o de **incentivos** económicos. Se trata sobre todo de **internalizar**, es decir, incluir en el precio de los productos, el coste del daño causado al medio ambiente por su producción, distribución y consumo.
Debido a la fuerte interdependencia de las distintas **economías nacionales** el margen de maniobra de los gobiernos es, sin embargo, limitado, ya que normas demasiado estrictas podrían causar la **deslocalización** de actividades **contaminantes** a países menos exigentes. Consideraciones análogas valen también para la introducción de una **ecotasa**, es decir, una tasa sobre el uso de recursos **no renovables**, y utilizar estos ingresos para **desgravar el factor trabajo** (un recurso natural y renovable).
En otro tipo de medida, que se vale de **mecanismos de mercado**, el Estado se limita a fijar un **cupo** total para ciertas emisiones, y las empresas pueden **negociar** libremente con los **derechos de emisión** en su posesión. De esta manera, quien invierte en **tecnología limpia** recupera parte de la inversión a través de la venta de derechos de emisión o se ahorra el coste de compra de tales derechos. [F.R.]

Abholzung
Überfischung

Ökonomie
Ökologie
Bewusstseinsbildung
Recycling; Abfälle
Anreize
internalisieren

Volkswirtschaften

Verlagerung; umweltschädigend

Ökosteuer
nicht erneuerbar
den Faktor Arbeit steuerlich entlasten

Marktmechanismen

Kontingent
Handeln
Emissionsrechte
saubere Technologie

LA INFLACIÓN

Inflation

La inflación es el **aumento** permanente **de los precios**, mientras que la **tasa de inflación** es un porcentaje que expresa las variaciones de los precios en un periodo determinado.

Preisanstieg
Inflationsrate

Lo contrario de inflación, es decir, la disminución de los precios, se llama **deflación,** que no es un fenómeno muy corriente. En la mayoría de los países se puede ver que el nivel de precios aumenta en mayor o menor medida, pero no disminuye.

Deflation

La inflación se puede entender de la siguiente manera: alguno de los **agentes económicos** (**empresarios, familias**, Estado o **sector exterior**) trata de mejorar su situación económica. Así las empresas pueden subir los precios de sus productos para aumentar sus **beneficios**. Las familias, si por ej., obtienen más **ingresos**, pueden aumentar su **consumo** con lo que incrementa la **demanda** (sin que aumente la oferta) y, de nuevo, suben los precios. Si el Estado financia sus actividades **emitiendo más dinero,** el dinero pierde valor y los precios subirán. Por último, el sector exterior puede aumentar sus compras para producir más lo que, otra vez, aumenta la demanda y vuelven a subir los precios.

Wirtschaftssubjekte
Unternehmer; Haushalte; Außenhandelssektor
Gewinne
Einkünfte
Konsum
Nachfrage
mehr Geld in Umlauf bringen

Una consecuencia de estos cambios en los precios puede ser la llamada **espiral inflacionista precios-salarios**: para defender su **capacidad adquisitiva** los trabajadores exigen **subidas salariales** que aumentan los costes de producción y, por consiguiente, los precios. Si, además, estas subidas salariales exceden los aumentos en los precios, sube el **poder de compra** de los trabajadores. Ello conduce a un mayor consumo y, de ahí, a nuevos aumentos de precios y a la pérdida de **cuotas de mercado** en favor de **productores** extranjeros (aumentan las **importaciones**).

Lohn-Preis-Spirale
Kaufkraft
Lohnerhöhungen
Kaufkraft
Marktanteile
Produzenten
Importe

Todo ello puede tener graves consecuencias:

- sobre el ahorro (provocando **huidas de capitales**)

Kapitalflucht

- sobre el **tipo de cambio** (provocando la **depreciación de la moneda**) si no se imponen políticas de control de la inflación, por ej., a través de una reducción del **gasto público** o por medio de la **moderación salarial**.

Wechselkurs; Entwertung der Währung
Ausgaben der öffentlichen Hand; Mäßigung bei Lohnforderungen

Mientras que la inflación en España y en otros países industrializados es bastante moderada (normalmente menor del 5% anual), la espiral inflacionista lleva a muchos otros países a las llamadas **hiperinflaciones** o **inflaciones galopantes**. Argentina es un ejemplo de país que ha tenido que soportar varios periodos de largas e intensas hiperinflaciones.

Hyperinflation; galoppierende Inflation

Éstas son muy negativas sobre todo para los sectores sociales que dependen de **ingresos fijos** y tienen poca capacidad de presión, como los **jubilados**, **parados**, etc. [C.R.]

fixe Einkommen
Rentner (Ö: Pensionisten); Arbeitslose

<u>inflación</u> (n.f.)
fam.: hiperinflación (n.f.); inflacionista (adj.), inflacionario (adj.); deflación (n.f.), estanflación (n.f., *Stagflation*);
con.: contener = controlar = combatir = frenar = desacelerar/provocar la inflación;
la inflación aumenta/disminuye;
inflación reptante = latente (*schleichende Inflation*); galopante; subyacente (*Kerninflation*); importada;
la tasa de inflación;
<u>inflacionista</u>: la espiral inflacionista; la tendencia inflacionista=inflacionaria;

<u>capacidad (n.f.) adquisitiva</u>
sin.: capacidad (n.f.) de compra; poder (n.m.) adquisitivo; poder (n.m.) de compra
con.: asegurar = mantener la capacidad adquisitiva; mejorar/empeorar la capacidad adquisitiva;
la pérdida/el aumento de la capacidad adquisitiva; la falta/el exceso de capacidad adquisitiva.

EL ÍNDICE DE PRECIOS DE CONSUMO

Verbraucherpreisindex

Cuando hablamos de **tasa de inflación** nos referimos al **crecimiento de los precios** en un periodo determinado. Esto está claro para cualquiera pero, ¿cómo podemos conocer esta tasa? Todos sabemos que en el mercado existen miles de **productos** y de **servicios** cuyos precios varían en un periodo. Además, el mismo producto o servicio alcanza **subidas de precios** muy distintas según zonas geográficas o incluso en tiendas distintas.

Esto hace que la tasa de inflación real sea imposible de calcular. Para conocerla aproximadamente podemos utilizar un índice. El que se usa en España es el índice de precios de consumo (**IPC**), muy similar al usado en los demás países de la **Unión Europea**.

Para calcular el IPC se escoge una **muestra representativa** de **hogares** españoles de todos los tamaños e **ingresos** posibles, situados en unos 180 municipios del país.

A continuación se establece una **cesta de la compra**, formada en la actualidad por unos 500 productos y servicios. Cada grupo de productos o servicios tiene una **ponderación** especial según su mayor o menor importancia. Así, por ej., los **gastos** de alimentación, transporte o **vivienda** tienen más peso en el IPC que los de medicina, cultura y comunicaciones.

En España se utiliza mucho el concepto de **inflación subyacente** por el que se excluyen del IPC los productos más expuestos a subidas bruscas de los precios, es decir, los **alimentos perecederos** (por ej., frutas) y los productos energéticos (por ej., **derivados del petróleo**).

A nivel temporal se calculan las variaciones del IPC tanto de forma mensual como anual respecto al mismo periodo del año anterior, mientras que a nivel geográfico se estudian los cambios nacionales, regionales y provinciales.

El IPC mide el aumento nominal de los precios.

Cuando se quiere estudiar la evolución, por ej. de los ingresos de una persona, hay que descontar de su **salario** el IPC correspondiente a

Inflationsrate
Preissteigerung
Waren; Dienstleistungen
Preissteigerungen
VPI
Europäische Union
repräsentative Stichprobe; Haushalte
Einkommen
Warenkorb
Gewichtung
Ausgaben
Wohnung
Kerninflation
verderbliche Nahrungsmittel
Erdölprodukte
Lohn

cada periodo para conocer sus ingresos reales. De esta manera, se emplea también para conocer las variaciones reales de **magnitudes** como el **poder adquisitivo** o el **producto interior bruto**. [C.R.]

Größen
Kaufkraft; Bruttoinlandsprodukt

precio (n.m.)
fam.: apreciar (v., *schätzen*); apreciarse (v., *im Wert steigen*); despreciar (v., *verachten*); depreciarse (v., *entwertet werden*);
con: los precios suben = aumentan = crecen/se mantienen = se estabilizan/bajan = disminuyen = decrecen = se reducen = caen;
se negocian; se rebajan; se ajustan; se fijan;
precio alto/bajo; precio máximo/mínimo; precio neto; precio recomendado (*empfohlener Preis*); precio de venta al público = P.V.P. (*Ladenpreis*); precio franco fábrica = P.F.F. (*Fabrikspreis*); precio de coste (*Selbstkostenpreis*);
la lista de precios.

Grupos de productos en el IPC

1 Alimentos y bebidas no alcohólicas
2 Bebidas alcohólicas y tabaco
3 Vestido y calzado
4 Vivienda
5 Menaje
6 Medicina
7 Transporte
8 Comunicaciones
9 Ocio y cultura
10 Enseñanza
11 Hoteles, cafés y restaurantes
12 Otros bienes y servicios

LOS TRIBUTOS

Los tributos son pagos realizados por los **ciudadanos** y las **empresas** al Estado u otros organismos públicos. Constituyen la principal forma de financiación del **presupuesto público**. Se dividen en **impuestos**, **tasas** y **contribuciones.** Las tasas y las contribuciones se pagan para conseguir una **contraprestación** del Estado. Las primeras se hacen efectivas cuando se recibe un servicio público (por ej., al solicitar el pasaporte o al matricularse en la universidad). Las contribuciones se pagan cuando se obtiene un beneficio inmediato de una actividad de una **corporación pública** (por ej., cuando se arregla la iluminación de una calle los vecinos deben contribuir a financiar las obras).

Sin embargo, los tributos más importantes, por la **recaudación** que suponen, son los impuestos. Son pagos obligatorios que no van acompañados de ninguna **prestación** o beneficio inmediato. Naturalmente el **contribuyente** obtiene compensaciones, puesto que el **gasto público** en forma de **servicios sanitarios**, infraestructura, seguridad, etc., tarde o temprano le favorecerá.

Distinguimos dos tipos fundamentales de **impuestos**, los **directos** y los **indirectos**.

Los primeros se exigen en función de los aumentos de la riqueza, mientras que los segundos **gravan** la utilización del **patrimonio**, es decir, el **consumo**.

De acuerdo con esta clasificación son impuestos directos:

- el **impuesto sobre la renta de las personas físicas** (IRPF),
- el **impuesto sobre (la renta de las) sociedades**,
- el **impuesto sobre sucesiones y donaciones**, y
- el **impuesto sobre el patrimonio**.

Entre los impuestos indirectos el más conocido es el **impuesto sobre el valor añadido** (IVA). Aparte de este impuesto se pueden mencionar, por ej., el **impuesto sobre transmisiones pa-**

Abgaben
Bürger
Unternehmen
Staatsbudget
Steuern; Gebühren; Beiträge
Gegenleistung
öffentliche Körperschaft
(Steuer-)Einnahmen
Dienstleistung
Steuerzahler
öffentliche Ausgaben
Gesundheitswesen
direkte, indirekte Steuern
besteuern; Vermögen
Konsum
Einkommenssteuer
Körperschaftssteuer
Erbschafts- und Schenkungssteuer
Vermögenssteuer
Mehrwertsteuer
Vermögensverkehrs-

trimoniales (que grava, por ej., la **compraven-**	steuer; An- und Verkauf
ta de **inmuebles**), los impuestos especiales	Immobilien
(sobre el petróleo, las bebidas alcohólicas, etc.)	
así como los **aranceles**.	Zölle
Los municipios tienen sus propios tributos. Entre	
los impuestos los más destacados son:	
• el **impuesto sobre actividades económicas**	Gewerbesteuer
(en España sólo lo pagan las grandes em-	
presas) y	
• el **impuesto sobre bienes inmuebles**.	Grundsteuer
Un tipo muy especial de tributo son las **cotiza-**	Sozialversicherungsbei-
ciones a la Seguridad Social que se obtienen	träge
en parte directamente del **salario bruto** de los	Bruttolohn
trabajadores (las **retenciones**) y en parte son	Abzüge
pagadas por las empresas. [J.M./J.S.]	

tributo (n.m.)
sin.: gravamen (n.m.);
fam.: tributar (v., *Steuern zahlen*); tributación (n.f., *Abgabeleistung*); tributante (n.m./f., *Steuerzahler*); tributario (adj.);
con.: pagar un tributo; aumentar/disminuir los tributos; imponer un tributo = gravar algo con un tributo/abolir un tributo; recaudar un tributo (*erheben*);
tributo arancelario (*Zollabgabe*);
tributación: doble tributación (*Doppelbesteuerung*); tributación progresiva;
tributario = fiscal: la Administración Tributaria (*Steuerverwaltung*); la política tributaria; la presión tributaria (*Steuerlast*); la recaudación tributaria (*Steuereinnahmen*; *Steuererhebung*); la reforma tributaria; el sistema tributario;

recaudación (n.f.)
sin.: cobro (n.m.);
fam.: recaudar (v.); recaudador (de impuestos – n.m, *Steuereinnehmer*);
con.: llevar a cabo = realizar la recaudación;
la recaudación aumenta/disminuye;
recaudación estatal (*amtliche Einhebung*); fiscal = tributaria;
el déficit en las recaudaciones; la oficina de recaudación (*Steueramt*); el periodo de recaudación;

contribución (n.f.)
fam.: contribuir (v.); contribuyente (n.m./f., *Steuerzahler*);
con.: pagar/cobrar una contribución; estar sujeto al/exento del pago de una contribución (*steuerbeitragspflichtig sein/von der Steuerbeitragspflicht befreit sein*);
contribución municipal (*Kommunalsteuer*); obligatoria (*Pflichtbeitrag*).

EL IMPUESTO SOBRE LA RENTA DE LAS PERSONAS FÍSICAS

Einkommenssteuer

El impuesto sobre la renta de las personas físicas (IRPF) es un **impuesto directo** que afecta a los **perceptores de rentas** (en primer lugar **salarios** y **sueldos**, pero también **intereses**, etc.) y a los que han visto aumentar su **patrimonio** (por ej., **plusvalías** generadas por la venta de **títulos** a un precio superior al que fueron comprados). Es de tipo personal, lo que quiere decir que se toman en consideración las circunstancias personales de cada **contribuyente** y no afecta a las **empresas**.

direkte Steuer
Einkommensbezieher
Löhne; Gehälter; Zinsen
Vermögen
Wertzuwächse
Wertpapiere
Steuerzahler
Unternehmen

En la mayoría de los países las **personas físicas** que superan un determinado nivel de **ingresos** anuales están obligadas a realizar la **declaración de la renta**, para determinar el IRPF que tienen que pagar. La declaración puede ser individual o conjunta (ingresos totales de la unidad familiar). En la declaración aparecen entre otros los **rendimientos**:

- **del trabajo,**
- **del capital mobiliario** (intereses, **dividendos**),
- **del capital inmobiliario** (**alquileres**),
- **de actividades económicas**, así como
- las **ganancias y pérdidas patrimoniales** (compra-venta de **acciones**, **inmuebles**, etc.).

natürliche Personen
Einkünfte
Steuererklärung
Einkünfte
aus Arbeit
aus Kapitalvermögen; Dividenden
aus Immobilienvermögen; Mieten; aus wirtschaftlicher Tätigkeit
Veräußerungsgewinne und -verluste; Aktien; Immobilien

Por lo general, los pagos por el IRPF no se efectúan tras la declaración, pues en su mayor parte han sido anticipados ya al Estado durante el año. Como los **pagos anticipados**, o **retenciones**, se basan en el nivel de ingresos y no tienen en cuenta ni las **desgravaciones** (reducciones de la **base imponible**) ni las **deducciones** de la suma a pagar (por ej., por la compra de un piso, etc.) puede incluso ocurrir que al final se produzcan **devoluciones** al contribuyente por parte del Estado.

Vorauszahlungen; Einbehaltungen
Freibeträge
Bemessungsgrundlage; Absetzbeträge
Rückerstattung

El IRPF que se aplica a las declaraciones en España es de tipo **progresivo**, lo que quiere decir que el porcentaje de los impuestos va aumentando según los niveles de ingresos. Esto, que parece normal en España y en otros

progressiv

países europeos, no es tan normal en otros países del mundo; sin ir más lejos, en EE.UU., los más ricos disfrutan oficialmente de impuestos **regresivos**, porque se piensa que si disponen de más riqueza pueden contribuir más al **bienestar** general del país.
En un país que practique la **progresividad fiscal**, los ingresos del Estado procedentes de los impuestos directos deberían ser mayores que los de los **impuestos indirectos**. Si no es así, el Estado perjudica a las **capas sociales** más **desfavorecidas**, ya que los impuestos indirectos **gravan** a todos los **consumidores** por igual, sean ricos o pobres. Se trataría entonces de un **sistema fiscal** que no favorece la **redistribución de la riqueza**. [C.R.]

regressiv
Wohlstand
Steuerprogression
indirekte Steuern
sozial benachteiligte Schichten
belasten; Konsumenten
Steuersystem; Vermögensumverteilung

<u>impuesto</u> (n.m.)
fam.: imponer (v.); imposición (n.f.); impositivo (adj.); imponible (adj.);
con.: pagar/cobrar = recaudar un impuesto; reducir/aumentar los impuestos; gravar con impuestos (*besteuern*); suprimir un impuesto (*e. Steuer abschaffen*); deducir = desgravar un gasto de los impuestos (*von der Steuer absetzen*); estar exento de impuestos (*von der Steuer befreit sein*); defraudar en el pago de un impuesto (*Steuer hinterziehen*);
el impuesto grava un producto o servicio; los impuestos suben/bajan;
impuesto directo/indirecto; progresivo/regresivo; de lujo; de sucesiones (*Erbschaftssteuer*); sobre el valor añadido (*Mehrwertsteuer*); sobre el capital (*Kapitalsteuer*); sobre sociedades (*Körperschaftssteuer*); sobre la renta de las personas físicas; sobre el consumo de bebidas alcohólicas; sobre el tabaco;
la devolución de un impuesto;
<u>impositivo</u>: el tipo impositivo (*Steuersatz*);
<u>imponible</u>: la base imponible (*Steuerbemessungsgrundlage*);

<u>declaración (n.f.) del impuesto sobre la renta de las personas físicas (IRPF)</u>
sin.: declaración de la renta;
fam.: declarar (*Steuererklärung abgeben*); declarante (n.m./f.);
con.: hacer la declaración de la renta; presentar la declaración de la renta; defraudar en la declaración (*Einkommenssteuer hinterziehen*) = ocultar ingresos en la declaración;
la declaración es negativa = con derecho a devolución/positiva; individual/conjunta;
el impreso de la declaración; el plazo para hacer la declaración (*Frist für die Steuererklärung*).

EL IMPUESTO SOBRE EL VALOR AÑADIDO

Mehrwertsteuer

Todos los países de la **Unión Europea** mantienen como principal **impuesto indirecto** el impuesto sobre el valor añadido (**IVA**) que **grava** el **consumo de bienes y de servicios**.

El concepto de valor añadido proviene de la idea de que en cada transacción que sufre un producto, incluya **transformación** o no, éste **aumenta su valor**. Así, en la transformación de la harina en pan se está añadiendo valor a la **materia prima**. Lo mismo ocurre después con su **transporte** y **distribución.** Un producto que no se puede **adquirir,** porque se encuentra a mucha distancia, no tiene ningún valor para el **consumidor**; el mismo producto en una tienda cerca de casa sí que lo tiene.

Los que pagan el IVA en última instancia siempre son los **consumidores finales**. Si una empresa compra un producto también lo paga; sin embargo, cuando lo vende, lo recupera del próximo consumidor. Puesto que el precio de venta es mayor que el de compra, la empresa al vender también **ingresa** un IVA más alto. La diferencia que resulta del IVA cobrado menos el IVA pagado al **proveedor** es el impuesto sobre el valor añadido que debe a **Hacienda**. Los consumidores finales que ya no **revenden** el producto lógicamente tampoco cobran IVA, por lo que lo pagan enteramente.

Existe un **tipo de IVA** normal, que afecta a la mayoría de los productos (en España, por ej., actualmente es del 21%), pero hay tipos de IVA mayores o menores para otros productos. Esto es lógico si se piensa que los impuestos indirectos son universales, es decir, afectan a todos los ciudadanos, sin importar su riqueza o sus **fuentes de ingresos**; para que los más pobres no se vean **desfavorecidos**, los **artículos básicos de consumo** (la mayoría de los **alimentos**, con excepción de bebidas alcohólicas, y algunos **productos sanitarios**) tienen un IVA reducido del 10%. Sectores de interés nacional, como por ej. la **hotelería**, tienen también un IVA del 10%.

Europäische Union
indirekte Steuer
MwSt.; Konsum von Gütern und Dienstleistungen besteuern
Verarbeitung; einen Wertzuwachs erfahren
Rohstoff
Transport; Vertrieb
erwerben
Konsument
Endverbraucher
einheben
Lieferant
Finanzamt
wiederverkaufen
Mehrwertsteuersatz
Einkommensquellen
benachteiligt; Artikel des täglichen Gebrauchs
Nahrungsmittel
medizinische Produkte
Hotellerie

Algunos productos que requieren de especial protección tienen un IVA "**superreducido**" del 4% (por ej., pan, frutas y verduras, libros y periódicos, etc.). — stark ermäßigt

Junto al IVA existen **impuestos especiales** que, por ej., gravan el consumo de gasolina o de productos peligrosos como el tabaco y bebidas alcohólicas, o que también pueden ser exigidos por el Estado en el caso de sucesos especiales (catástrofes, guerras, etc.). — Sondersteuern

Los impuestos indirectos suelen representar la mayor parte de las **recaudaciones impositivas** en países de **sistema fiscal** poco **progresivo** o donde el **fraude fiscal** está muy generalizado. [C.R.] — Steueraufkommen; progressives Steuersystem; Steuerhinterziehung

Los tipos de IVA en la Unión Europea (julio 2013):

Tipo normal de IVA (no reducido)	**País miembro**
15,0%	Luxemburgo
18,0%	Chipre, Malta
19,0%	Alemania
19,6%	Francia
20,0%	Austria, Bulgaria, Eslovaquia, Estonia, Reino Unido
21,0%	Bélgica, España, Italia, Letonia, Lituania, Holanda, República Checa
22,0%	Eslovenia
23,0%	Grecia, Irlanda, Polonia, Portugal
24,0%	Finlandia, Rumanía
25,0%	Croacia, Dinamarca, Suecia
27,0%	Hungría

LA PRESIÓN Y EL FRAUDE FISCAL

Steuerlast und Steuerhinterziehung

La presión fiscal es el peso que tiene el conjunto de los **tributos**, incluidas las **cotizaciones a la S.S.**, sobre el total del **producto interior bruto** de un país. Una presión fiscal situada alrededor del 40% es lo normal en los países de la **Unión Europea**.

Abgaben; Sozialversicherungsbeiträge; Bruttoinlandsprodukt
Europäische Union

En todo caso, ya sea alta o baja la presión fiscal, sicológicamente ésta es considerada como excesiva por los ciudadanos de la mayoría de los países del mundo. Por eso, la tendencia al fraude fiscal, sobre todo si los mecanismos de control del Estado están poco desarrollados, es muy alta. Sin embargo, el fraude, aparte de ser un delito, es socialmente injusto, porque no suele beneficiar a los más pobres, sino a los más ricos.

El fraude se produce tanto en el campo de los **impuestos indirectos**, como en el de los **directos**.

indirekte; direkte Steuern

En el caso de España el fraude en los impuestos indirectos (especialmente en el **impuesto sobre el valor añadido – IVA**) se produce fundamentalmente a través de **ventas** sin la correspondiente **factura**, o con factura falsa. El fraude no es muy fácil de realizar, por ej., en la venta de bienes en un supermercado, o en la de billetes de avión, pero es sencillo sobre todo en el campo de los **servicios** personales o de reparación. ¿Quién no ha oído nunca (y no sólo en España) la pregunta: "¿Lo quiere con o sin IVA?"

Mehrwertsteuer (MwSt.)
Verkäufe
Rechnung
Dienstleistungen

En España, el mayor volumen de **defraudación** del IVA se concentra en los **trabajadores autónomos** como, por ej., en las **profesiones liberales** (abogados, médicos, etc.).

Hinterziehung
Selbstständige
freie Berufe

Algo similar ocurre con los impuestos directos. Mientras que en el campo de la economía legal es casi imposible evitar los pagos a la S.S., no ocurre lo mismo con el **impuesto sobre la renta de las personas físicas** (IRPF). En este caso hay una diferencia fundamental entre los trabajadores, que reciben una **nómina fija**, y los trabajadores autónomos.

Einkommensteuer
fixe Entlohnung

Los primeros no pueden defraudar gran cosa a **Hacienda**, porque sus **ingresos** son perfectamente conocidos, mientras que los segundos, si lo desean, pueden ocultar parte de sus ingresos en la **declaración de la renta**.
El fraude es incluso mayor en los **sectores financiero** o **inmobiliario**, los favoritos para la **colocación del dinero negro**.
A menudo están relacionados los fraudes en los impuestos directos e indirectos. La inexistencia de factura tras la **prestación de un trabajo** posibilita evitar el pago del IVA. Además, ya que no existe ninguna prueba del trabajo realizado, permite que los **importes** no aparezcan en la declaración de la renta, con lo que se ahorra el pago del IRPF.
En España el resultado de la defraudación fiscal ha sido la aparición de enormes cantidades de dinero negro, cuya colocación o **blanqueo** difícilmente puede ser controlado por el Estado. [C.R.]

Finanzamt; Einkünfte
Steuererklärung
Finanzsektor
Immobiliensektor
Anlegen von Schwarzgeld
Leistung einer Arbeit
Beträge
Weißwaschen

fraude (n.m.)
fam.: defraudar; defraudación (n.f.); defraudador (n.m.); fraudulento (adj.);
con.: hacer un fraude = cometer fraude; luchar = tomar medidas contra el fraude;
la campaña contra el fraude;
fraude fiscal = impositivo = de los impuestos = tributario;
defraudar: defraudar al fisco = a Hacienda;
fraudulento: las actividades fraudulentas.

LA POLÍTICA TRIBUTARIA Y LA POLÍTICA PRESUPUESTARIA

Steuer- und Budgetpolitik

La política presupuestaria de un Estado contempla, por una parte, todos los mecanismos que permiten la financiación de sus actividades y, por otra, la planificación y administración de sus gastos. Tradicionalmente la financiación del **gasto público** se ha realizado mediante medidas de política tributaria, materializadas en la **recaudación de tributos** (**impuestos**, **tasas** y **contribuciones**).

öffentliche Ausgaben
Einhebung von Abgaben
Steuern; Gebühren
Beiträge

La cantidad de estos tributos, su aplicación sobre particulares o sociedades, su **progresividad**, su **formulación directa** o **indirecta** y los **plazos de recaudación** son aspectos que debe definir la política tributaria del **ejecutivo**.

Progression
direkter/indirekter Charakter; Einhebungsfristen; Regierung

En la actualidad, la valoración de las necesidades de la **Hacienda Pública** se realiza a partir de la elaboración del **Presupuesto General del Estado**. Cada vez más, el presupuesto se convierte en una valoración económica del **programa de actuación del gobierno** para el siguiente **ejercicio**. Sin embargo, su **aprobación** depende del poder legislativo que discute la **viabilidad** de las medidas propuestas.

Staatsfinanzen
Staatsbudget
Regierungsprogramm
Finanzjahr; Annahme
Durchführbarkeit

A partir de las teorías keynesianas y de la **generalización del Estado del bienestar** el presupuesto deja de mantener un equilibrio entre ingresos y gastos presentando grados mayores o menores de **déficit público**. Esto supone reconocer al Estado capacidad de **endeudamiento** y, por tanto, la posibilidad de recurrir a **emisiones de deuda pública** u otras medidas financieras para **cubrir** el déficit generado por el nivel superior de gastos que el gobierno desea emprender. Por lo tanto, la política tributaria ha dejado de ser la única **fuente de financiación** del Estado.

Ausweitung des Wohlfahrtsstaats
öffentliches Defizit
Verschuldung
Begebung von Staatsschuld; abdecken
Finanzierungsquelle

Normalmente se considera que los presupuestos con marcado carácter **deficitario** son resultado de las importantes medidas sociales que desea realizar el ejecutivo.

defizitär

Un presupuesto con **partidas** voluminosas destinadas a **inversiones** no productivas como

Rechnungsposten
Investitionen

sanidad, educación o cultura **arrojará un déficit** más o menos elevado. — Gesundheitswesen; ein Defizit aufweisen

Dependiendo de la progresividad de los tributos y de la **penalización** con la que se **grave** el **consumo** o el **ahorro** se verá si realmente la política económica tiende a favorecer a **los más necesitados socialmente** o presenta otros objetivos. — Steuerzuschlag; belasten; Konsum; Sparleistung; die sozial Schwächsten

Por lo dicho se aprecia que cuanto mayor sea la importancia de la **intervención del Estado** en la economía tanto mayor será la importancia del déficit público. En consecuencia, la política presupuestaria que desarrolle el gobierno se establecerá seleccionando unas **inversiones** y determinando su volumen. A continuación, mediante medidas tributarias o recurriendo a otro tipo de financiación, deberán establecerse los mecanismos para conseguir los ingresos necesarios. Por tanto, la política presupuestaria resulta ser uno de los instrumentos básicos para conseguir los objetivos de la **política económica**. [J.M./J.S.] — staatliche Eingriffe; Investitionen; Wirtschaftspolitik

<u>presupuesto</u> (n.m.)

fam: presupuestar (v., *veranschlagen*); presupuestario (adj.); presupuestado (adj.);

con.: presentar el presupuesto; discutir el presupuesto; votar el presupuesto; aprobar el presupuesto (*bewilligen*); publicar el presupuesto;
sobrepasar el presupuesto (*überschreiten*); ajustar el presupuesto (*anpassen*);
aumentar/disminuir = recortar = reducir el presupuesto;
el presupuesto se divide en partidas = en capítulos;
presupuesto anual;
el presupuesto es deficitario; está equilibrado;
Presupuesto General del Estado = Presupuestos Generales del Estado = estatal;
<u>presupuestario</u>: cubrir el déficit presupuestario (*abdecken*); la política presupuestaria; redactar el plan presupuestario.

MUNDO LABORAL

LOS TIPOS DE TRABAJO Y LA OCUPACIÓN

La condición fundamental para ser un **ocupado** es la de realizar un **trabajo remunerado.** Pero, ¿cuál es el tiempo mínimo que una persona tiene que trabajar para ser considerada como "ocupada"?

Según la legislación española, que es similar a la de los demás países de la **Unión Europea**, se considera que un ocupado es una persona de 16 o más años que trabaja al menos una hora en la semana que se toma como referencia.

El concepto de ocupado recoge:

- las personas **ocupadas a tiempo completo** (**jornada laboral completa**),
- las que tienen un **empleo a tiempo parcial** (**media jornada**, trabajo **por horas**, etc.).

Otro asunto es el del **trabajo temporal**, es decir, el que se realiza durante un periodo limitado. Las personas que tienen un trabajo de este tipo son ocupados mientras lo realizan. Al finalizarlo dejan de serlo y, a no ser que encuentren un nuevo trabajo, pasan a ser **parados** o dejan de formar parte de la **población activa**.

Entre los ocupados podemos distinguir entre:

- **trabajadores por cuenta propia** y
- **trabajadores por cuenta ajena**.

Los primeros, también llamados "trabajadores autónomos" o "independientes", trabajan, como su nombre indica, para sí mismos. Éstos pueden tener a su cargo a otros trabajadores. En esta categoría encontramos desde un pequeño campesino o comerciante, hasta **profesiones liberales**, por ej., arquitectos, médicos, o **empresarios** industriales o de la **Banca**.

Los trabajadores por cuenta ajena o **asalariados** no trabajan para sí mismos, sino para un empresario o institución.

Dentro de los trabajadores por cuenta ajena encontramos a los **obreros** y a los **empleados.** Los obreros son trabajadores cuyo trabajo origina un **bien** o **producto**; es decir, en esta cate-

Arbeitsformen
Beschäftigung
Erwerbstätiger
bezahlte Arbeit
Europäische Union
vollzeitbeschäftigt
Ganztagsarbeit
Teilzeitbeschäftigung
Halbtags-, stundenweise
befristete Beschäftigung
Arbeitslose
Erwerbsbevölkerung
selbstständig Beschäftigte; unselbstständig Beschäftigte
freie Berufe
Unternehmer
Bankensektor
Lohnempfänger
Arbeiter; Angestellte
Gut; Produkt

goría se incluyen los asalariados en el **sector primario** y **secundario**.	Primär-, Sekundärsektor
La **remuneración** de los obreros se llama **salario.**	Entgelt; Lohn
Por el contrario, los empleados, y entre ellos los **funcionarios** de las administraciones públicas, no producen bienes sino **servicios** (**productos intangibles**).	Beamte Dienstleistungen; immaterielle Güter
Los empleados trabajan en el **sector terciario** y la remuneración de su trabajo se llama **sueldo**. [C.R.]	Tertiärsektor Gehalt

trabajo (n.m.)
sin.: empleo (n.m.); puesto (n.m.) de trabajo; profesión (n.f.); ocupación (n.f.);
fam.: trabajar (v.); trabajador (n.m., adj.);
con.: buscar/encontrar = conseguir un trabajo; ofrecer = dar/solicitar = pedir;
tener/perder el trabajo, quedarse sin trabajo; generar/destruir trabajo; trabajo por cuenta ajena/propia; fijo/temporal; mal/bien remunerado; a comisión (*auf Provisionsbasis*); a destajo (Akkordarbeit);
diurno/nocturno; a = por = en turnos (*Schichtarbeit*);
trabajo en cadena (*Fließbandarbeit*); a mano (*Handarbeit*); trabajo doméstico (*Heimarbeit*);
el accidente de trabajo; el ambiente de trabajo; el compañero de trabajo (*Arbeitskollege*); el horario de trabajo; las ofertas de trabajo; el mercado de trabajo;

jornada (n.f.)
fam.: jornalero (n.m., *Tagelöhner*); jornal (n.m., *Tageslohn*);
con.: reducir = acortar = limitar/prolongar = alargar = ampliar la jornada laboral;
jornada laboral completa/parcial; media jornada (*halber Arbeitstag*); jornada continua/partida; jornada de 8 horas.

LOS CONTRATOS LABORALES

Arbeitsverträge

El contrato laboral es un documento **suscrito** entre un **empresario** y un **trabajador**, por el cual este último se compromete a trabajar bajo determinadas condiciones que no pueden vulnerar en ningún caso la legislación laboral oficial.

El contrato es muy importante para un trabajador, pues pasados unos plazos determinados en la empresa puede beneficiarse, por ej., de **subsidios de desempleo** o de **pensiones de jubilación**.

Dentro de los contratos podemos distinguir:

- según la duración del contrato, entre **contratos fijos** (o **indefinidos**) y **temporales**;
- según la duración de la **jornada laboral**, entre **contratos a tiempo completo** y **contratos a tiempo parcial** (por ej., **media jornada**).

El contrato fijo crea una **relación laboral** entre la **empresa** y el trabajador, que en un país **sin despido libre**, como España, sólo termina en determinados casos, como por ej. por **jubilación**, por falta grave, por acuerdo entre las **partes** o por crisis empresarial grave.

Sin embargo, el empresario puede **despedir** al trabajador si le paga la **indemnización** fijada por la ley.

El contrato temporal, por su parte, crea una relación laboral entre empresario y trabajador para un periodo limitado en el tiempo. Este tipo de contrato representa ya una tercera parte de las **contrataciones** totales en España y la tendencia es creciente. Mientras que **se destruyen empleos** fijos se crean constantemente **empleos eventuales** de gran precariedad y mal pagados. En la actualidad más del 90% de los nuevos contratos son temporales.

En los últimos años han surgido en España numerosas **empresas de trabajo temporal** (ETT) que actúan como intermediarios entre los trabajadores y los empresarios.

Entre los empleos de duración determinada se pueden citar:

unterzeichnet
Arbeitgeber; Arbeitnehmer
Arbeitslosenunterstützungen; Altersrenten (Ö: -pensionen)
fixe; unbefristete; befristete (Verträge)
Arbeitszeit
Vollzeit-; Teilzeitverträge
Halbtagsarbeit
Arbeitsverhältnis
Unternehmen; ohne freies Kündigungsrecht
Pensionierung
Vertragspartner
kündigen
Abfertigung
Anstellungen
Arbeitsplätze werden abgebaut
Gelegenheitsarbeiten
Zeitarbeitsfirmen

- eventuales **por circunstancias de la producción**. Tienen por objeto atender a exigencias circunstanciales del mercado y son muy típicos en la **agricultura**, **construcción** o **turismo** (con un máximo de seis meses). — produktionsbedingt; Landwirtschaft; Bauwirtschaft; Tourismus
- **contrato por obra** (o servicio determinado). La duración del contrato es el tiempo necesario para la realización de la actividad. — Werkvertrag

Los contratos formativos (con un periodo de 6 meses a 2 años), destinados a los jóvenes son:

- **contratos en prácticas**, para titulados universitarios o de formación profesional; — Praktikumsverträge
- **contratos de formación**, para jóvenes de 16 a 21 años y sin titulación. — Ausbildungsverträge

Por su parte, en la **economía sumergida** no existen contratos escritos, sino **acuerdos orales** entre los empresarios y los trabajadores. En esta forma moderna de esclavitud se suele pagar o bien **por horas** (sobre todo en la construcción), o **a destajo**, es decir, según la cantidad de productos producidos o recogidos. Este último tipo de **remuneración** es el más normal sobre todo en la agricultura y en la industria. [C.R.]

Schattenwirtschaft; mündliche Vereinbarungen; stundenweise; für Akkordarbeit; Entlohnung

<u>contrato</u> (n.m.)

fam.: contratar (v.); contratante (n.m., *Vertragspartner*, adj.); contratación (n.f., *Anstellung*); contractual (adj.);

con.: firmar; negociar; prolongar/rescindir = cancelar (*verlängern/kündigen*); violar = infringir un contrato (*verletzen*);

contrato laboral = de trabajo; de trabajo de prácticas; de aprendizaje; de trabajo a prueba;

contrato de duración limitada/ilimitada = por tiempo indefinido = fijo; a tiempo completo/parcial = de jornada completa/de media jornada; temporal; anual;

contrato de alquiler (*Mietvertrag*); de compra/de venta; de seguro (*Versicherungsvertrag*);

<u>contratante</u>: partes contratantes (*Vertragsparteien*);

<u>contractual</u>: exigencias contractuales (*vertragliche Vereinbarungen*).

LA POLÍTICA LABORAL

Una de las funciones tradicionales del Estado es la regulación del **mercado de trabajo**.
El Estado dicta una serie de disposiciones para la economía regular (en la **economía sumergida** no existe, como es lógico, ningún tipo de regulación) que tienen que ser cumplidas tanto por los **empresarios** como por los **trabajadores**.
Existen dos tendencias muy claras a este respecto, que tienen que ver con los principios generales de la política económica:
La primera es la típica de los países desarrollados de tradición económica liberal, sobre todo Estados Unidos, pero también por ej. de los **países emergentes**.
En estos países el **desempleo** no se considera un problema que tenga que resolver el Estado, sino que se confía en las fuerzas económicas del mercado de trabajo. Se considera que para mantener bajo el nivel de desempleo la **desregulación** de este mercado es la mejor solución. Así, la **colocación** no está tan controlada por las **oficinas de empleo** estatales, sino que predomina la contratación privada.
Los **salarios** se regulan preferentemente por la valía personal del trabajador, a través de **contratos** individuales. El **despido** tiende a ser libre, y se promueven como muy positivas la movilidad funcional (de un **empleo** a otro distinto), la movilidad geográfica y las **jornadas de trabajo** irregulares.
El otro modelo es el del **Estado de bienestar**, típico sobre todo de los países centroeuropeos y nórdicos. En éstos el ideal del **pleno empleo** sigue siendo un principio básico de la economía; se aceptan, a menudo, aumentos de la inflación o del **gasto público** si con ello se contribuye a aumentar la **ocupación**.
El **mercado laboral** está bastante regulado en estos países. La colocación se realiza fundamentalmente a través de las oficinas de empleo estatales, aunque las **empresas de trabajo temporal** se encuentran en un fuerte auge.

Beschäftigungspolitik
Arbeitsmarkt
Schattenwirtschaft
Unternehmer; Arbeitnehmer
Schwellenländer
Arbeitslosigkeit
Liberalisierung
hier: Vermittlung
Arbeitsämter
Löhne
Verträge
Kündigung
Arbeitsstelle
Arbeitszeiten
Wohlfahrtsstaat
Vollbeschäftigung
Ausgaben der öffentlichen Hand; Beschäftigung; Arbeitsmarkt
Zeitarbeitsfirmen

Los salarios se regulan preferentemente por medio de **convenios colectivos** o a través de la **concertación social**. Además, no se suele exigir movilidad funcional o geográfica para la aceptación de un empleo, la duración de la jornada laboral está regulada y el despido no es libre.

Tarifverträge (Ö: Kollektivverträge); Absprachen zwischen den Sozialpartnern

Ambos sistemas tienen sus ventajas e inconvenientes, aunque lógicamente los empresarios suelen preferir el primero y los trabajadores el segundo.

En países con un nivel intermedio de desarrollo, como España y otros países mediterráneos, la política laboral sería una mezcla de los sistemas neoliberal y de bienestar. Pero, por lo general, se tiende a una desregulación creciente del mercado laboral. [C.R.]

laboral (adj.)

fam.: labor (n.f., poco usado), laborable (adj.); laboralista (adj., n.m.);

con.: el acuerdo laboral (*Arbeitsvereinbarung*); el contrato laboral (*Arbeitsvertrag*); la relación laboral (*Arbeitsverhältnis*); la legislación laboral (*Arbeitsgesetzgebung*);
las condiciones laborales (*Arbeitsbedingungen*); el horario laboral = la jornada laboral (*Arbeitszeit*); la semana laboral (*Arbeitswoche*);
el mercado laboral flexible, libre/regulado, controlado;
el accidente laboral; la incapacidad laboral transitoria/permanente (*vorübergehende/dauerhafte Arbeitsunfähigkeit*);
laborable: el día laborable/festivo (*Arbeitstag/Feiertag*);
laboralista: el abogado laboralista (*Anwalt für Arbeitsrechtsfragen*).

LOS SINDICATOS Y LAS PATRONALES

Gewerkschaften und Arbeitgeberverbände

El sindicato es una organización que tiene como objetivo defender los intereses de los **trabajadores por cuenta ajena**.
En un país democrático la **afiliación** a los sindicatos es voluntaria; sin embargo, la tasa de afiliación no suele ser muy alta. Los **afiliados** pagan **cuotas sindicales,** que son una de las principales fuentes de financiación sindical.
Los sindicatos democráticos más importantes son de tipo horizontal, lo cual significa que reúnen a los trabajadores de un sector y que (al menos teóricamente) las decisiones parten de la base sindical, y los dirigentes son meros **portavoces** de la voluntad de ésta.
Otra característica importante de los sindicatos en un país democrático es el pluralismo sindical. Es decir, pueden existir sindicatos de diferentes tendencias políticas, sectoriales (para una **rama** determinada), de **empresa** (para una empresa concreta), profesionales, regionales, etc.
En el caso de España, la actividad sindical está dominada por dos grandes sindicatos,

- la Unión General de Trabajadores (UGT, fundada por el Partido Socialista Obrero Español) y
- Comisiones Obreras (CC.OO., fundadas por el Partido Comunista),

que en los últimos años trabajan de forma muy coordinada y con gran independencia de sus partidos fundadores.
Por su parte, en los países con dictadura política existe generalmente un **sindicato único**, controlado por el Estado y de afiliación obligatoria para todos los trabajadores. Las decisiones no son tomadas por la base, sino por la **dirección sindical**. Este sindicato puede tener estructura vertical, es decir, que reúne tanto a los **empresarios** como a los trabajadores de un mismo sector.
Como es lógico, los empresarios también disponen de sus propias organizaciones, llamadas patronales.

trabajadores por cuenta ajena: unselbstständig Beschäftigte
afiliación: Mitgliedschaft
afiliados: Mitglieder
cuotas sindicales: Gewerkschaftsbeiträge
portavoces: Sprecher
rama: Branche
empresa: Unternehmen
sindicato único: Einheitsgewerkschaft
dirección sindical: Gewerkschaftsführung
empresarios: Unternehmer

En España destacan dos,
- la Confederación Española de Organizaciones Empresariales (CEOE), que representa sobre todo a los grandes empresarios, y
- la Confederación Española de la Pequeña y Mediana Empresa (CEPYME).

Los sindicatos y las patronales constituyen lo que se llama **agentes** o **interlocutores sociales**. Éstos, con el Estado como posible mediador, se reúnen de manera más o menos pacífica para discutir temas como los **convenios colectivos** o los grandes acuerdos sociales. [C.R.]

Sozialpartner

Tarifverträge (Ö: Kollektivverträge)

patronal (n.f., *Arbeitgeberverband*; adj.)
sin.: asociación patronal; organización patronal; sindicato patronal (Arg.);
fam.: patrón (n.m.); patrono (n.m.);
con: el cierre patronal (*Arbeiteraussperrung*); la cuota patronal a la S.S. (*Arbeitgeberanteil zur Sozialversicherung*);

sindicato (n.m.)
sin: asociación = agrupación (de trabajadores);
fam.: sindical (adj.); sindicalista (n.m. Gewerkschafter, adj.);
con: afiliarse a = adherirse a = hacerse miembro de = inscribirse en un sindicato;
estar afiliado a = ser miembro de un sindicato;
sindicato agrícola; del carbón; de empleados; de empresa; de estudiantes; obrero = de trabajadores; regional; sectorial; profesional; vertical/horizontal; único; socialista;
el secretario general de un sindicato; los dirigentes del sindicato = la dirección del sindicato; el representante del sindicato (= sindical);
el acuerdo entre sindicatos; la lucha de los sindicatos (= sindical); las reivindicaciones de los sindicatos (*Gewerkschaftsforderungen*); la cuota del sindicato (= sindical).

LAS NEGOCIACIONES SALARIALES

Lohnverhandlungen

En un país democrático las negociaciones salariales tienen lugar entre los **interlocutores sociales**, es decir, las **patronales** y los **sindicatos**. El Estado normalmente aparece como mediador entre los interlocutores, al tiempo que fija por ley algunos parámetros básicos del **mercado laboral**, por ej., la cuantía del **salario mínimo interprofesional,** la duración de la **jornada laboral**, etc.

Sozialpartner
Arbeitgeberverbände; Gewerkschaften
Arbeitsmarkt; gesetzlicher Mindestlohn
Arbeitszeit

En España los sindicatos y patronales negocian por lo general anualmente los **convenios colectivos** (aunque también existen acuerdos **a** más **largo plazo**).

Tarifverträge (Ö: Kollektivverträge)
langfristig

El punto fundamental de los convenios suele ser el de fijar los **incrementos salariales** para el próximo año, teniendo como base para ello los cambios producidos en el **índice de precios de consumo**.

Lohnerhöhungen
Verbraucherpreisindex

En la negociación pueden aparecer, sin embargo, otros puntos importantes de discusión, como pueden ser las **condiciones de trabajo** y la seguridad en éste, la **remuneración de horas extra**, la colocación de las vacaciones y, en casos de crisis, la **reducción de la jornada laboral** o **jubilaciones anticipadas**.

Arbeitsbedingungen
Vergütung von Überstunden
Arbeitszeitverkürzung
Frühpensionierungen

Los convenios colectivos no suelen ser generales para todos los trabajadores, ya que normalmente son de tipo sectorial (para una **rama de actividad** determinada) o a veces incluso empresarial (sobre todo para grandes empresas). Las negociaciones son a menudo muy duras, pues existen grandes diferencias entre los intereses empresariales y sindicales.

Branche

En algunos países muy estables a nivel económico, como Austria, existe la llamada **concertación social** de tipo global, que excluye casi totalmente la conflictividad social.

Sozialpartnerschaft

En España no es normal la concertación, pero sí se han dado ocasionalmente pactos que trataron de imponer **moderación salarial** (es decir, aumentos que no superen, o incluso se encuentren por debajo de la inflación prevista) a cambio de garantizar la creación de nuevos **puestos de trabajo** o de mantener el nivel de trabajo existente. [C.R.]

Mäßigung in den Lohnforderungen
Arbeitsplätze

<u>convenio</u> (n.m.)
sin: acuerdo (n.m.);
fam.: convenir (*übereinkommen*);
con: establecer = acordar = firmar = concluir/rechazar un convenio; negociar un convenio; violar = romper un convenio;
convenio colectivo; de = sobre salarios; sectorial; bilateral/multilateral;

<u>remuneración</u> (n.f.)
fam: remunerar (v., *vergüten*); remunerador (adj., *lohnend*); remunerativo (adj.); remunerado (adj.);
con.: remuneración del capital; del trabajo = laboral (*Arbeitsverdienst*); bruta (*Bruttoverdienst*)/neta (*Nettoverdienst*); real (*tatsächliches Entgelt*); media (*Durchschnittsentgelt*); en metálico (*Barentlohnung*)/en especie (*Naturallohn*); por horas extraordinarias;
<u>remunerado</u>: trabajo mal/bien remunerado (*schlecht/gut bezahlte Stelle*);

<u>salario</u> (n.m.)
fam.: asalariado (n.m., adj., *Lohn-/Gehaltsempfänger*); salarial (adj.);
con.: ajustar el salario (*Lohn angleichen*); aumentar/reducir = recortar el nivel de salarios (*Lohnniveau erhöhen/abbauen*); congelar los salarios (*die Löhne einfrieren*); pagar/cobrar el salario;
el alza = el aumento = el incremento/la baja, el recorte de los salarios; la congelación de los salarios; la moderación de los salarios (= salarial);
salario base (*Grundgehalt*); salario mínimo interprofesional; salario medio (*Durchschnittslohn*); salario convenido (*ausgehandelter Lohn*); salario bruto/neto; en efectivo/en especie (Geld-/Naturallohn); por hora; por pieza = por unidad de producto; a destajo (*Akkordlohn*);
la relación salario-precio; la espiral de precios y salarios;
<u>salarial</u>: la mejora = el aumento = el incremento salarial; la negociación salarial; las reivindicaciones salariales (*Lohnforderungen*).

LA HUELGA	Streik
Cuando los **sindicatos**, el **comité de empresa** o los trabajadores no han alcanzado sus **reivindicaciones laborales** en las negociaciones con los **empresarios** pueden recurrir a una medida de presión extrema: **convocar una huelga**.	Gewerkschaften; Betriebsrat; Forderungen bzgl. Arbeitsbedingungen; Unternehmer einen Streik ausrufen
Los trabajadores pueden **secundarla** y dejar de trabajar hasta conseguir sus propósitos.	(Streikaufruf) befolgen
Los que deciden no secundarla e ir a trabajar deben enfrentarse a menudo con grupos de **huelguistas** (los **piquetes**) que intentan impedir que los **rompehuelgas** o **esquiroles** trabajen.	Streikende; Streikposten Streikbrecher
La huelga puede afectar:	
• solamente a una empresa,	
• a un sector (**huelga sectorial**) o	branchenweiter Streik
• a todo un país.	
En este último caso se habla de **huelga general.** La huelga general a menudo va acompañada por reivindicaciones políticas. A lo largo de la historia este tipo de huelga ha llevado incluso al desencadenamiento de guerras civiles o revoluciones.	Generalstreik
Hay huelgas en las que no se deja totalmente de trabajar:	
• Por ej. en la **huelga de celo** los huelguistas aplican exactamente el reglamento (respetando exageradamente las **normas de seguridad e higiene**, no realizando **horas extra**, etc.) lo que provoca la paralización de algunas funciones y servicios.	Dienst nach Vorschrift; Sicherheits- und Hygienevorschriften; Überstunden
• En la **huelga de brazos caídos** los trabajadores acuden al lugar de trabajo pero no cumplen sus funciones disminuyendo el ritmo de trabajo normal.	Bummelstreik
Cuando se convoca una huelga en sectores de gran importancia como pueden ser la **sanidad** o los **transportes públicos** se intenta llegar a un acuerdo para que se establezcan unos **servicios mínimos**. En caso de que este acuerdo no se alcance el Estado los impone.	Gesundheitswesen öffentliche Verkehrsmittel Notdienste
Otros tipos de **huelga** son las **de solidaridad** con otros compañeros de trabajo, o la **huelga de hambre,** que normalmente se hace por razones políticas o individuales.	Solidaritätsstreik Hungerstreik

Las **constituciones** de los países democráticos reconocen, a diferencia de los sistemas dictatoriales, el **derecho a la huelga** a los trabajadores (con excepción de algunas profesiones, como el ejército, la policía, etc.). Por eso, la huelga no anula los **contratos de trabajo** entre los **asalariados** y los **patronos**, lo que quiere decir que la huelga no puede ser causa de **despido**.
Mientras que los trabajadores tienen derecho a **declararse en huelga** el equivalente patronal, el **cierre empresarial**, en España sólo es admitido por motivos de orden público, pero no como **instrumento de presión** en las **negociaciones salariales**. [M.P.]

Verfassungen

Streikrecht

Arbeitsverträge; Lohn- und Gehaltsempfänger; Arbeitgeber; Entlassung

in Streik treten
Betriebsaussperrung

Druckmittel; Lohnverhandlungen

huelga (n.f.)
sin.: paro (n.m.);
fam.: huelguista (n.m.), rompehuelgas (n.m.);
con.: convocar = declarar/desconvocar = suspender una huelga; declararse en huelga = ir a la huelga; estar en = hacer huelga; romper/secundar una huelga
huelga de advertencia (*Warnstreik*); de brazos caídos; de celo; de hambre; de solidaridad; de trabajo lento;
huelga general/sectorial;
huelga espontánea = ilegal = salvaje (*wilder Streik*);
el comité de huelga; el piquete de huelga (*Streikposten*); el derecho a la huelga.

LA POBLACIÓN ACTIVA Y LA POBLACIÓN OCUPADA

Erwerbsbevölkerung und erwerbstätige Bevölkerung

La población activa está compuesta por las personas que realizan un **trabajo remunerado** (**ocupados**) y por las personas que no lo tienen, pero lo buscan activamente (**parados** o **desempleados**).

bezahlte Arbeit
Erwerbstätige
Arbeitslose

Si analizamos las **tasas de población activa** en diversos países, veremos que entre ellas hay diferencias enormes.

Erwerbsquoten

¿A qué se deben tales diferencias?

De hecho, una parte de la población de un país no puede trabajar, ya sea por razones legales o por otras causas (por ej., niños, **jubilados**, personas con problemas físicos o psíquicos, etc.). Al resto, es decir, al conjunto de las personas que tienen capacidad para trabajar y que legalmente podrían hacerlo, se le llama **población potencialmente activa** (también se habla de la **mano de obra disponible**).

Rentner (Ö: Pensionisten)

erwerbsfähige Bevölkerung; Arbeitskräftepotential

Hay naturalmente personas que simplemente no quieren trabajar, pero ¿qué ocurre con las **amas de casa**? Éstas, al igual que, por ej., los estudiantes o voluntarios sociales, desarrollan una actividad muy meritoria, pero como no reciben **salario** a cambio, no forman parte de la población activa.

Hausfrauen

Lohn

La cuantía de la población activa en un país depende fundamentalmente de su **estructura demográfica** (mayor o menor presencia de niños y/o ancianos) y de las costumbres sociales (por ej., el trabajo de las mujeres en algunos países islámicos es casi imposible, mientras que en los países nórdicos está generalizado).

Bevölkerungsstruktur

Los movimientos cíclicos de la economía condicionan también en gran medida el volumen de la población activa.

Así, en momentos de **auge económico** la población activa crece, sobre todo porque aumenta mucho el número de ocupados. Sin embargo, el número de parados se reduce en comparación mucho más lentamente, porque, ante la buena situación, mucha gente que antes no creía tener demasiadas oportunidades de en-

Wirtschaftsaufschwung

contrar trabajo decide ahora buscar empleo apuntándose en las **oficinas de empleo** o en las **empresas de trabajo temporal**, con lo que se incrementa el **paro**.

Arbeitsämter
Zeitarbeitsfirmen
Arbeitslosigkeit

Si la situación económica es mala, se reduce el número de ocupados y aumenta el número de parados registrados, pero no tanto como se podría esperar, ya que muchas personas desisten de buscar empleo ante la dificultad de encontrarlo, y con ello dejan de formar parte de la población activa.

En general, trabajadores poco cualificados, jóvenes, amas de casa o extranjeros, forman un particular ejército de reserva de mano de obra, cuya situación laboral cambia mucho según la **coyuntura económica**. [C.R.]

Wirtschaftslage

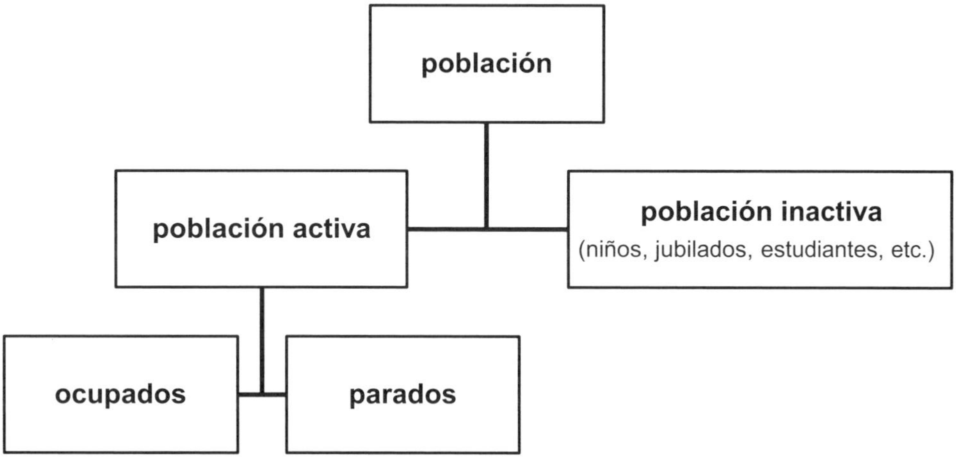

EL DESEMPLEO O EL PARO

Arbeitslosigkeit

A pesar de que convertirse en un **parado** o **desempleado** es una cosa sumamente sencilla en determinados países, para serlo a nivel oficial hay que cumplir algunos requisitos.

Arbeitsloser

Parado es, oficialmente, la persona que está **capacitada para trabajar** pero que no tiene **trabajo remunerado**, aunque lo busca activamente y está disponible para trabajar en cualquier momento.

arbeitsfähig
bezahlte Arbeit

Mientras que resulta fácil conocer el número de los **ocupados** (personas con trabajo), el cálculo del total de parados en un país presenta algunos problemas. Se suelen utilizar básicamente dos procedimientos: el primero consiste sencillamente en sumar todas las personas que se encuentran registradas en búsqueda de trabajo en las **oficinas de empleo.** El segundo método consiste en la realización de una encuesta sobre una **muestra representativa** de la población; a ésta se la llama en España **Encuesta de Población Activa** (EPA).

Erwerbstätige
Arbeitsämter
repräsentative Stichprobe
Arbeitskräfteerhebung

En países con una elevada **tasa de cobertura de desempleo** y donde la gente encuentra trabajo con rapidez, tienden a coincidir ambas cifras. Pero éste no es el caso de España, donde las cifras son muy distintas siendo mucho mayores las de la EPA. Ello se debe a que los parados que no cobran **subsidio de desempleo** tienen poco estímulo para acudir a las oficinas de empleo. Además en épocas de crisis existen pocas **ofertas de trabajo**, por lo que muchas personas sin trabajo deciden no perder el tiempo haciendo cola en las oficinas de empleo, pero sí se declaran como parados en las encuestas.

Leistungsbezieherquote (der Arbeitslosenunterstützung)
Arbeitslosenunterstützung
Arbeitsangebote

Algunos economistas afirman por ello con cierto cinismo que cuanto peor sea el funcionamiento de las oficinas estatales de empleo, más bajo se mantendrá el paro registrado en ellas.

El paro no afecta a todos los sectores sociales por igual. Es especialmente grave

- el **paro juvenil**, entre jóvenes menores de 24 años con bajo nivel de **formación** y que buscan su primer **empleo**,

Jugendarbeitslosigkeit
Ausbildung
Beschäftigung

- el **paro femenino**, con una tasa de desempleo mucho mayor que la de los hombres, — Frauenarbeitslosigkeit
- el **paro de larga duración**, especialmente entre personas de más de 45 años que han perdido su empleo y que por su edad tienen dificultades para encontrar otro nuevo, — Langzeitarbeitslosigkeit
- y el paro entre los inmigrantes extranjeros.

La **cifra de paro** (Arbeitslosenzahl) en un país puede ser relevante a nivel nacional, pero pierde su sentido, por ej., cuando se realizan comparaciones internacionales. Para ello se utiliza la **tasa de paro** o **tasa de desempleo** (Arbeitslosenrate). Esta tasa se obtiene al dividir el número total de parados por el número de personas que componen la **población activa** (Erwerbsbevölkerung) (ocupados + parados). A estos niveles, España ha pasado en pocos años de tener tasas de paro similares a la media de la Unión Europea, a tener las tasas más altas de la comunidad. A ello se le une la gran importancia que tiene el **empleo temporal** (zeitlich befristete Beschäftigung). [C.R.]

<u>paro</u> (n.m.)

sin.: 1. desempleo (n.m.); desocupación (n.f.); cesantía (Chile., n.f.);
2. subsidio (n.m.) de desempleo (*Arbeitslosenunterstützung: cobrar el paro* – uso coloquial en algunos contextos);
3. huelga (n.f., *Streik*);

fam.: parar (v.); (ser un = estar) parado (adj., n.m.);

con.: estar en paro; cobrar el (subsidio del) paro; tener derecho al (subsidio del) paro (*Anspruch auf Arbeitslosenunterstützung haben*);
apuntarse = inscribirse en el paro;
el paro aumenta = sube= crece/disminuye = baja = desciende; mejora = empeora;
luchar contra el paro = tomar medidas contra/para frenar el paro;
paro estructural/paro coyuntural; de larga duración/de corta duración; estacional (*Saisonarbeitslosigkeit*); friccional (*Fluktuationsarbeitslosigkeit*); juvenil; femenino; tecnológico; sectorial;
la oficina del paro = de empleo (*Arbeitsamt*);
la cifra de paro; la tasa de paro.

EL SUBSIDIO DE DESEMPLEO

Arbeitslosenunterstützung

El subsidio de desempleo es el dinero procedente del Estado que, durante un periodo más o menos largo de tiempo, reciben mensualmente los **parados**. Coloquialmente se habla de "**cobrar el paro**".

Sin embargo, no todos los parados que están **inscritos en las oficinas de empleo** tienen derecho a alguno de los diversos tipos del subsidio de desempleo. Se habla de la **tasa de cobertura** de desempleo para referirse al porcentaje de parados que reciben subsidio.

Para cobrar el subsidio normal de desempleo en España hay que cumplir una serie de condiciones. La más importante de ellas es la de haber trabajado durante cierto tiempo.

Dependiendo del tiempo que se ha trabajado, varía el número de meses con derecho a **cobrar el subsidio**. La cuantía del subsidio depende del **salario** antes recibido por el trabajador, pero no puede superar un determinado límite.

En principio quedan excluidas del cobro del subsidio las personas que nunca han trabajado o que lo han hecho menos del tiempo exigido, así como aquéllas que ya han agotado los plazos de cobro del subsidio. Pero imaginemos, por ej., la situación a la que puede llegar un parado mayor de 45 años, con familia a su cargo y sin otros ingresos, **que ha agotado el periodo de cobro** del subsidio de desempleo y que en ese tiempo no ha conseguido trabajo.

Para éste y otros casos graves, existe el llamado "subsidio asistencial", que a menudo se cobra hasta que el trabajador accede a la **pensión de jubilación**.

Otro subsidio especial es el subsidio de desempleo agrícola, que se aplica sobre todo en **zonas latifundistas** (Andalucía, Extremadura) y al cual tienen derecho los **trabajadores agrícolas** que puedan presentar un determinado número de **peonadas**, o sea, de días trabajados.

El organismo que se ocupa de pagar los subsidios de desempleo es el SEPE (Servicio Público de Empleo Estatal), que depende del Ministerio de Empleo y Seguridad Social.

Arbeitslose; „stempeln gehen"

bei den Arbeitsämtern gemeldet

Leistungsbezieherquote

die Unterstützung beziehen

Lohn

dessen Anspruch auf Bezug erloschen ist

Altersrente (Ö: Alterspension)

Großgrundbesitzgebiete

Landarbeiter

Tagewerke

Por la descentralización administrativa, la función de **oficina de colocación** está transferida a las **Comunidades Autónomas**. | Arbeitsvermittlungsagentur; Autonome Regionen

El funcionamiento de las oficinas de empleo en España es muy ineficaz, y también lo es el control de los parados. Se dan así numerosos casos de parados que cobran el subsidio y que trabajan al mismo tiempo en la **economía sumergida**. | Schattenwirtschaft

Otro tipo de subsidio es el **salario social** o RMI (Renta Mínima de Inserción), que es muy distinto a los anteriores, pues no está relacionado con un trabajo realizado. Es concedido por algunas **autonomías** a las personas que tienen un nivel de vida mínimo (pobres, **mendigos**, inadaptados, etc). A cambio de la percepción, éstos se comprometen a seguir unos programas de **inserción social** o de **capacitación laboral**. [C.R.]

Sozialhilfeleistung; Autonome Regionen; Bettler; soziale Eingliederung; berufliche Qualifikation

subsidio (n.m.)

fam.: subsidiar (v., *unterstützen*); (principio de) subsidiariedad (n.f.); subsidiado (adj.); subsidiario (n.m., adj.);

con.: pedir = reclamar = solicitar un subsidio; conceder/denegar a alguien el (derecho al) subsidio; pagar/cobrar = recibir = percibir un subsidio; tener derecho a un subsidio; ser beneficiario de un subsidio;

revisar; aumentar = subir/disminuir = bajar los subsidios;

subsidio de desempleo = de paro; de paro agrícola; no contributivo o asistencial; de = por maternidad; de enfermedad (*Krankengeld*); familiar; por hijos; de vejez (*Altersbeihilfe*);

la tasa de cobertura del subsidio; la cuantía del subsidio; el plazo de percepción del subsidio (*Bezugsdauer*).

LA SEGURIDAD SOCIAL

Sozialversicherung

El sistema de la Seguridad Social estatal proporciona a los ciudadanos de un país una serie de **prestaciones** sobre todo en el campo de la **sanidad** y de las **pensiones de jubilación.** En los países desarrollados, sobre todo en los de Europa Occidental, la Seguridad Social es uno de los componentes básicos del llamado **Estado de bienestar.** En la gran mayoría de los países pobres la Seguridad Social tiene una importancia mínima o incluso es inexistente, por lo que el apoyo familiar la sustituye o complementa a menudo.

Leistungen
Gesundheitswesen; Altersrenten (Ö: Alterspensionen)
Wohlfahrtsstaat

En la **Unión Europea** los gastos de S.S. representan por término medio casi el 30% del **producto interior bruto**. En España, con un sistema de protección menos desarrollado que en otros países, el porcentaje se sitúa por debajo del 25%.

Europäische Union
Bruttoinlandsprodukt

Los **fondos** con los que se financia la S.S. proceden en su mayor parte de las **cotizaciones a la Seguridad Social** que pagan los trabajadores y los empresarios. El Estado aporta el resto de los fondos a través del **presupuesto.**

Mittel
Beitragszahlungen an die Sozialversicherung
Budget

En los países europeos desarrollados el sistema no protege solamente a las personas que pagan cotizaciones y a sus familiares cercanos, sino que tiende a la **universalización de las prestaciones**, es decir, a que éstas beneficien a todos los ciudadanos.

Ausdehnung der Leistungen

El problema para el mantenimiento de este sistema universal consiste en que cada vez menos **cotizantes** tienen que atender las prestaciones crecientes de pensiones (por el **envejecimiento** cada vez mayor de la población), y de los **gastos sanitarios públicos** (por el aumento del coste y del uso de los **tratamientos**).

Beitragszahler
Überalterung
öffentliche Ausgaben für das Gesundheitswesen
Behandlungen

Por eso, la mayoría de los países mencionados tratan de reducir las prestaciones, sin que por ello se desee llegar a un modelo como el actualmente usado en los Estados Unidos basado en la **responsabilidad personal** en el que cada persona debe cuidar de sí misma y de su familia y donde el Estado interviene lo menos posible.

Eigenverantwortung

El problema de este modelo ultraliberal es que excluye a una buena parte de la población, la más pobre, de los **beneficios sociales**. [C.R.] — soziale Errungenschaften

Seguridad (n.f.) Social

fam.: asegurar (v.); seguro (adj., n.m.); asegurado (adj., n.m.); asegurador (adj., n.m.);
con: estar afiliado a la S.S.; cotizar a la S.S. = pagar la cuota de = la contribución a la S.S.; las prestaciones de la S.S.; la cartilla = el carné de la S.S.; el número de la S.S.; el ambulatorio, la clínica, el hospital, el médico de la S.S.

Prestaciones de la Seguridad Social

- asistencia sanitaria
  - maternidad
  - enfermedad
  - accidentes
- recuperación profesional y rehabilitación
- prestaciones monetarias en casos de
  - incapacidad temporal
  - maternidad
  - muerte y supervivencia
  - invalidez
  - jubilación
- asistencia social

LA ASISTENCIA SANITARIA Y LAS PENSIONES DE JUBILACIÓN

Gesundheitswesen und Altersrenten (Ö: Alterspensionen)

La asistencia sanitaria en un país de **seguridad social universalizada**, como es el caso de España, suele **cubrir** el total de los **servicios médicos** y una parte de los servicios farmacéuticos destinados a restablecer y/o conservar la salud de los **asegurados**.
El sistema beneficia tanto a los **titulares** (trabajadores, jubilados), como a sus **familiares**, así como a las personas que, sin **estar afiliadas a la Seguridad Social** (S.S.), no disponen de **ingresos** económicos.
Sin embargo, el nivel de las **prestaciones** médicas públicas no es siempre óptimo, y es por ello que muchos millones de españoles **contratan** adicionalmente a la S.S. **seguros sanitarios privados**. Con ello se produce en la práctica una doble **cotización**.
Las pensiones de jubilación suponen por su parte la principal **partida de gastos** de la S.S.
En España hay varios tipos de pensiones:

- la pensión de jubilación normal es la que **cobran** los trabajadores a partir de la **edad de jubilación** de 67 años con un mínimo de 15 **años de cotización**, o con 65, si se **ha cotizado** un mínimo de 38 años **a la S.S**.

Además de la anterior, existen principalmente:

- la **pensión de invalidez permanente**, que se puede cobrar a cualquier edad en caso de **incapacidad laboral**;
- la de **viudedad**, para cónyuges;
- la de **orfandad**, para menores de edad que perdieron a sus padres hasta los 21 años de edad;
- la pensión de **jubilación anticipada**, para **prejubilar** sobre todo a trabajadores de 52 a 64 años que realizan **trabajos penosos** o peligrosos.
- Otro tipo de pensión, no ligada a la cotización, es la **pensión asistencial** para personas mayores sin pensiones normales ni otros ingresos.

Uno de los problemas graves del sistema de jubilación consiste en que cada vez más pensio-

umfassende Sozialversicherung
(ab)decken; ärztliche Betreuung
geschützte Personen
Versicherte
Angehörige
sozialversichert sein
Einkommen
Leistungen
private Krankenversicherungen abschließen
Beitragsleistung
Ausgabenposten
beziehen
Rentenalter (Ö: Pensionsalter)
Beitragsjahre; Sozialversicherungsbeiträge leisten
Invaliditätsrente
Arbeitsunfähigkeit
Witwen-/Witwerrente
Waisenrente
vorzeitige Altersrente (Ö: Alterspension); vorzeitig pensionieren; beschwerliche Arbeiten
Sozialrente

nes quedan por debajo del **salario mínimo interprofesional**. La escasa dotación de las pensiones, sus mínimos aumentos y la incertidumbre respecto al futuro (en la actualidad existen menos de dos **cotizantes** por pensionista en España y la tendencia es decreciente) hacen que muchos trabajadores **subscriban fondos privados de pensiones** para disponer de ingresos adicionales tras la jubilación. [C.R.]

gesetzlicher Mindestlohn

Beitragszahler

private Pensionsversicherungen abschließen

pensión (n.f.)
fam.: (ser un) pensionista (n.m./f.);
con.: pagar/recibir = cobrar una pensión (= cobrar el retiro = cobrar la jubilación); solicitar = tramitar/conceder una pensión; tener derecho a una pensión;
la pensión asciende a X euros.; la pensión tiene una dotación de X euros.;
pensión mínima; pensión de jubilación; de orfandad; de viudedad; de incapacidad = invalidez (laboral) temporal/permanente; pensión asistencial;
el fondo de pensiones (*Pensionsfonds*); el plan de pensiones;

jubilación (n.f.)
fam.: jubilarse (v. reflexivo, *in Rente/Ö: Pension gehen*); jubilar a alguien (*pensionieren*); (ser un/estar) jubilado (adj.);
con.: recibir = cobrar la jubilación; solicitar la jubilación; tener derecho a una jubilación; pagar la cuota de jubilación;
jubilación anticipada; jubilación voluntaria/forzosa; jubilación por edad;
la edad de jubilación.

LA ECONOMÍA SUMERGIDA

Schattenwirtschaft

La economía sumergida, también conocida como "economía paralela", "clandestina" o "informal", recoge las actividades económicas de tipo clásico que se realiza fuera del cotrol del Estado, aunque contando en general con cierta tolerancia de éste.

Actividades como el **contrabando** o el **tráfico de drogas** no forman parte de la economía sumergida, sino de la **delincuencia**.

Schmuggel; Drogenhandel
Kriminalität

La economía sumergida tiene evidentes ventajas, sobre todo para los **empresarios** que **emplean trabajadores** según este sistema:

Unternehmer; Arbeitnehmer beschäftigen

- Por un lado no existe contrato, por lo que el despido es libre,
- por otro los **salarios** son más bajos que en la economía legal y
- además muchas veces se paga **a destajo** (es decir, no por horas trabajadas, sino por producto producido o recogido).
- Tampoco se **cotiza a la Seguridad Social,** etc.

Löhne
nach Akkord
Sozialversicherungsbeiträge zahlen

Todo esto conduce a que los costes en la economía sumergida sean más bajos que en la economía legal y, como además no se pagan **impuestos**, se originan enormes cantidades de **dinero negro**.

Steuern
Schwarzgeld

El sistema no es muy ventajoso para los trabajadores, pero constituye una alternativa para aquellas personas que no pueden trabajar legalmente (como **menores** o **inmigrantes ilegales**), o que sólo desean un trabajo temporal, (como **amas de casa** o **jubilados**), también para **parados** con o sin **subsidio de desempleo**, e incluso para personas con trabajo regular como ingreso adicional.

Minderjährige; illegale Einwanderer
Hausfrauen; Rentner;
Arbeitslose; Arbeitslosenunterstützung

La economía sumergida es a primera vista negativa para el Estado, que deja de recibir una serie de impuestos, pero éste la suele tolerar por el beneficio que reporta a empresarios, trabajadores y a la **economía nacional**.

Volkswirtschaft

Está muy extendida en todos los países del sur de Europa. En España se calcula que, en la actualidad, más de cuatro millones de personas trabajan **a tiempo total o parcial** en este tipo

Vollzeit; Teilzeit

de economía y que supone alrededor del 17% del **producto interior bruto**. La economía sumergida se da en todos los **sectores económicos**, pero sobre todo es muy importante en la **agricultura**, la **construcción**, la **industria ligera** (textil, calzado, juguetes ...), **servicios domésticos**, turísticos, y los relacionados con la reparación de productos (electricistas, fontaneros, mecánicos, etc.). A esta última actividad se la conoce también como **chapuza** y, puesto que el trabajo realizado de esta manera no es siempre de la mejor calidad, la palabra tiene también el significado de trabajo mal hecho. [C.R.]

Bruttoinlandsprodukt

Wirtschaftssektoren
Landwirtschaft; Bauwirtschaft; Leichtindustrie; Dienstleistungen im Haushalt

Pfusch

Los sectores más afectados por la economía sumergida

- Servicios domésticos
- Confección
- Industria del calzado
- Servicios personales
- Industria del cuero
- Agricultura
- Hostelería
- Comercio
- Textil
- Educación
- Construcción
- Reparación de automóviles y otros bienes de consumo

LA EMPRESA

LA EMPRESA

Unternehmen

La empresa constituye el elemento central de la actividad económica. Tiene como función principal vender **bienes** o **servicios**, por lo que tiene que combinar y organizar los distintos **factores productivos** necesarios para ello. Estos factores son los **recursos naturales** (tierra, agua, energía, minerales), el **capital** (tanto **financiero**, por ej., sumas de dinero, como **real**, por ej., terrenos o **maquinaria**) y el **trabajo**. Los que aportan el capital a la empresa reciben, según el punto de vista, el nombre de **propietarios**, **socios**, o **patronos**, mientras que los que aportan el trabajo son los **trabajadores** (**empleados** y **obreros**) que forman la **plantilla** de la empresa. La gran mayoría de las empresas se dedican a sus actividades de producción para **obtener un beneficio** que se deriva de la diferencia entre los **costes de producción** (por ej., precios de las **materias primas**, **alquileres**, **salarios**) y los **ingresos por la venta** de lo producido. Sin embargo, también existen las llamadas empresas **sin ánimo de lucro**, que no operan por motivos económicos sino sociales.

Güter; Dienstleistungen
Produktionsfaktoren
natürliche Ressourcen
Geldkapital
Sachkapital
Maschinenpark; Arbeit
Eigentümer; Gesellschafter; Arbeitgeber
Arbeitnehmer
Angestellte; Arbeiter;
Belegschaft
einen Gewinn erzielen
Produktionskosten
Rohstoffe; Mieten
Löhne; Einnahmen aus dem Verkauf
gemeinnützig

Hay muchas maneras de clasificar las empresas:

La clasificación más cercana a la experiencia diaria es quizás la que agrupa las empresas según los **sectores económicos**. Pensemos en una granja (sector primario), una fábrica de muebles (sector secundario) y un restaurante (sector terciario).

Wirtschaftssektoren

Según su **forma jurídica** hay que diferenciar entre **empresas individuales** (con un solo propietario) y empresas con más de un propietario, las **sociedades**. Entre éstas destacan:

- la **sociedad colectiva**,
- la **sociedad comanditaria**,
- la **sociedad (de responsabilidad) limitada**,
- la **sociedad anónima** así como
- la **cooperativa**.

Rechtsform
Einzelunternehmen
Gesellschaften
Offene Handelsgesell.
Kommanditgesellschaft
Gesell. mit beschränkter Haftung; Aktiengesell.
Genossenschaft

Si el o los propietarios de la empresa son el Estado u otra **corporación pública**, se habla de **empresa pública**, si son personas privadas, de **empresa privada**.

öffentliche Körperschaft
öffentliche Unternehmen
Privatunternehmen

Otros criterios de clasificación serían el tamaño (**pequeñas y medianas empresas**, las **pymes**, y **grandes empresas**), su actuación en un solo país o en varios países (las **multinacionales**), su relación con otras empresas (**holding**, **filial**, **matriz**, etc.).
Naturalmente la organización interna de la empresa variará según los distintos tipos descritos. Sin embargo, en la mayoría de ellas se establecen departamentos de acuerdo con las distintas funciones del proceso productivo: **aprovisionamiento**, **producción**, **distribución**, **contabilidad**, **personal** (o recursos humanos), etc.
Se denomina **empresario** a la persona que, además de poseer una parte o la totalidad de una empresa, se implica directamente en la **gestión** de la misma. [J.M./M.P./J.S.]

Klein- und Mittelbetriebe; KMU; Großbetriebe
Multinationale Gesell.
Holding; Tochtergesell.
Muttergesellschaft

Beschaffung
Produktion; Vertrieb;
Buchhaltung; Personal
Unternehmer

(Unternehmens-)Führung

<u>empresa</u> (n.f.)
sin.: compañía (n.f.), firma (n.f.), sociedad (n.f.);
fam: emprender (v., *unternehmen*); empresario (n.m.); empresariado (n.m., *Unternehmerschaft*); empresarial (adj.); emprendedor (n.m./adj., *Entrepreneur; unternehmerisch*);
con.: fundar = crear = montar/cerrar una empresa; hacerse socio de una ... (*Gesellschafter werden*); invertir dinero en una ...; participar en una ... ; fusionar empresas;
empresa agrícola; artesana (*Handwerksbetrieb*); constructora (*Baufirma*); consultora (*Beratungsfirma*); comercial (*Handelsunternehmen*); mercantil (*kaufmännisches Unternehmen*); industrial; exportadora/importadora; proveedora (*Lieferfirma*); de seguros (*Versicherung*); de servicios;
empresa individual (*Einzelunternehmen*); familiar (*Familienbetrieb*); empresa privada/pública; empresa matriz (*Mutterfirma*)/filial (*Tochterfirma*); multinacional; gran empresa/pequeña y mediana empresa = pyme;
empresa deficitaria = con pérdidas (*Verlustbetrieb*); (in)solvente (*zahlungs(un)-fähiger Betrieb*); fuerte = sólida; rentable;
empresa de carácter lucrativo = con ánimo de lucro/sin ánimo de lucro;
el propietario = el dueño de una ... (*Firmeninhaber*); el gerente de la ... (*Geschäftsführer*); el personal = los trabajadores = la plantilla de una ... (*Betriebspersonal*); un empleado de una ... (*Angestellter*); el comité de ... (*Betriebsrat*);
las ganancias y las pérdidas de una ...; la memoria de la ... (*Jahresbericht*); el balance de la ... (*Unternehmensbilanz*); los estatutos de la ... (*Satzung*); la auditoría de una ... (*Prüfung*); la quiebra de una ... (*Firmenbankrott*).

LA SOCIEDAD ANÓNIMA Y LA SOCIEDAD LIMITADA

Aktiengesellschaft und Gesellschaft mit beschränkter Haftung

Tanto la sociedad anónima (**SA**) como la sociedad limitada (**SL** – también llamada sociedad de responsabilidad limitada SRL) son **sociedades mercantiles** en las que los **socios** tienen una responsabilidad limitada a las **aportaciones** efectuadas. Esto quiere decir que en caso de **quiebra** de la sociedad los socios sólo perderán el **capital invertido** en la empresa. Por esta razón la mayoría de empresas se constituyen bajo alguna de estas dos formas de sociedad.

AG
GmbH (Ö: GesmbH)
kaufmännische Gesellschaften; Gesellschafter; Einlagen

Konkurs
investiertes Kapital

El conjunto de aportaciones de los socios se denomina **capital social.**

Grundkapital (AG)/
Stammkapital (GmbH)

La sociedad anónima y la sociedad limitada se diferencian en varios puntos:

- El capital social mínimo para constituir una sociedad anónima es actualmente de aproximadamente 60.000 euros, en el caso de la sociedad limitada es de más o menos 3.000 euros.
- El número mínimo de socios para constituir una sociedad anónima es de tres sin límite superior, mientras que en una sociedad limitada el número de socios no puede ser inferior a dos ni superior a cincuenta. (Una excepción a esta norma son las llamadas **sociedades unipersonales** – tanto anónimas como limitadas – con las que se pretende proteger el **patrimonio personal** del único socio del capital invertido en la empresa).

Einpersonengesellschaften

Privatvermögen

De estas dos características ya se puede deducir que la forma de sociedad anónima se presta sobre todo para empresas que necesiten un volumen alto de capital que difícilmente puede ser aportado por un número reducido de socios.
Las aportaciones de los socios a las sociedades anónimas se realizan mediante la compra o **suscripción de acciones** que representan una fracción del capital y que pueden intercambiarse en los **mercados bursátiles** si las sociedades son admitidas en ellos.

Aktienzeichnung

Börsen

En el caso de las sociedades limitadas las aportaciones se denominan **participaciones** y su intercambio no se realiza a través de mercados

Geschäftsanteile

organizados. Además, cuando un socio quiere vender sus participaciones, debe ofrecerlas primero al resto de socios, con lo cual la sociedad limitada resulta interesante cuando se quiere impedir la entrada de socios nuevos, ajenos a los fundadores.

La sociedad anónima se gobierna a través de una **junta general de accionistas** a la que pueden asistir todos los socios. Normalmente se reúne una sola vez al año, **aprueba las cuentas** y decide el **reparto de beneficios** (**dividendo por acción**). También elige al **consejo de administración** que es el órgano responsable de la **gestión de la empresa** o nombra a un **administrador único**.

Hauptversammlung
die Entlastung erteilen
Gewinnausschüttung
Dividende pro Aktie;
Verwaltungsrat*
Unternehmensführung
Alleinvorstand

Los miembros del consejo de administración, los **administradores** o **consejeros**, también ostentan la representación de la sociedad **ante terceros**. Cuando el consejo de administración es muy numeroso, se suele escoger a un **presidente** y a un **consejero delegado**. Este último va a mantener las relaciones con la **gerencia** (los directores) **de la empresa**.

Verwaltungsratsmitglieder; Dritten gegenüber
Vorsitzender
geschäftsführendes Verwaltungsratsmitglied;
Unternehmensführung

La legislación de países como Alemania y Austria contempla la existencia de un **consejo de vigilancia**, formado por representantes de los propietarios y de los trabajadores, que tiene como función principal la elección y el control de la **junta directiva**. El consejo de vigilancia no existía en el **derecho mercantil** español. Sin embargo, hoy existe la posibilidad de constituir una **Sociedad Anónima Europea** que sí puede tener este órgano

Aufsichtsrat
Vorstand
Handelsrecht
Europäische Aktiengesellschaft

La sociedad limitada tiene la misma estructura que la sociedad anónima con una **junta de socios** que es el **órgano deliberante** y un **consejo de administración** o un **administrador único** que es el órgano de gestión y de representación de la sociedad. [J.M./J.S.]

Generalversammlung
Beratungsorgan; Geschäftsführung; Geschäftsführer

* Nota: "Consejo de administración" suele traducirse por "Verwaltungsrat", ya que sus funciones no coinciden ni con las del "Vorstand" ni con las del "Aufsichtsrat" de una "Aktiengesellschaft" austríaca o alemana. Como traducción de "Vorstand" se usan los términos "comité ejecutivo", "directorio" y "junta directiva".

LA SOCIEDAD COLECTIVA Y LA SOCIEDAD COMANDITARIA

Offene Handelsgesellschaft und Kommanditgesellschaft

La sociedad colectiva y la sociedad comanditaria (o "en comandita") son dos tipos de **sociedades mercantiles** en las que la **responsabilidad** de algunos socios **por** la actuación de la empresa va más allá del **capital invertido** en ella. Esto quiere decir que, por ej., en caso de **quiebra** de la sociedad estos socios responden con todo su **patrimonio personal.**

kaufmännische Gesellschaften; Haftung für

investiertes Kapital

Konkurs

persönlicher Besitz

La sociedad colectiva se constituye como mínimo con dos **socios** y sin límite superior. No hay un límite mínimo de **capital social**. Las **aportaciones** pueden ser en forma de capital (**socios capitalistas**) o en forma de trabajo (**socios industriales**). Estos socios **responden** de forma ilimitada **de las pérdidas** de la empresa. Ambos participan en la **gestión social** y en el **reparto de los beneficios**.

Gesellschafter

Gesellschaftsvermögen; Einlagen; Kapitalgesellschafter; Arbeitsgesellschafter; haften für Verluste

Unternehmensführung; Gewinnausschüttung

Generalmente, se constituyen en forma de sociedad colectiva empresas que necesiten muy poco capital y que puedan necesitar el trabajo en exclusiva de algunos socios con conocimientos específicos, como por ej. en el caso de una empresa que se dedique a la elaboración de programas informáticos.

La **razón social**, es decir, el nombre de la empresa, se forma generalmente por el apellido de uno de los socios y se añade "**y Cía**." (y compañía).

Firmenname

& Co.

La sociedad comanditaria se caracteriza por tener dos tipos de socios con derechos sustancialmente distintos.

Por una parte están los **socios colectivos** que tienen los mismos derechos y deberes que los socios capitalistas en la sociedad colectiva.

Komplementäre

Por otra parte aparecen los **socios comanditarios** que tienen una responsabilidad limitada a su aportación de capital pero están excluidos de la gestión de la sociedad, y no pueden representar a ésta **ante terceros**. De esta manera la sociedad se asegura el capital social sin interferencias sobre la gestión que queda limitada a los socios colectivos.

Kommanditisten

Dritten gegenüber

El capital social mínimo para constituir una sociedad comanditaria depende de si se desea crear una sociedad comanditaria simple donde el límite mínimo no existe al igual que en la sociedad colectiva, o si se desea crear una **sociedad comanditaria por acciones** donde el límite mínimo es de aproximadamente 60.000 euros. En el caso de la sociedad comanditaria por acciones los títulos están únicamente en manos de los socios comanditarios que tienen de esta manera la gran ventaja de que pueden transmitirlos libremente.

Kommanditgesellschaft auf Aktien

La razón social de la empresa normalmente es el apellido de uno de los socios que siempre va acompañado de un “en comandita”.

Una empresa típica constituida en forma de sociedad comanditaria son las **firmas de auditoría** (empresas que certifican que la **contabilidad** de una empresa refleja la realidad) donde el grupo de auditores fundador se constituye como socios colectivos y los empleados más destacados pasan a ser socios comanditarios.

Wirtschaftsprüfungsfirmen; Buchhaltung

El número de sociedades colectivas y comanditarias es muy reducido respecto a la cantidad de sociedades anónimas y limitadas inscritas en el **Registro Mercantil**. [J.M./J.S.]

Handelsregister (Ö: Firmenbuch)

LA SOCIEDAD COOPERATIVA Y LAS SOCIEDADES LABORALES

Genossenschaft und Arbeitnehmergesellschaft

La cooperativa y la sociedades laborales son **formas de empresas** en las cuales los **socios** suelen trabajar dentro de la propia empresa.
Una cooperativa normalmente **se funda** cuando una serie de personas se unen para **satisfacer intereses** o **necesidades** comunes.
Por ej., pude surgir una **cooperativa de consumo** cuando varios consumidores deciden asociarse para mejorar sus **condiciones de compra**.
En el momento de la **constitución** se precisan como mínimo cinco **socios** que deberán **hacer una aportación** para formar el capital de la cooperativa. El capital aportado por los socios no tiene límite inferior. Esta aportación puede **devengar intereses** y puede recuperarse cuando un socio sale de la cooperativa.
Entre los órganos que estructuran la cooperativa destaca la **asamblea general** que elige un **consejo rector**.
Después de deducir de los resultados los **impuestos** y la suma destinada a **reservas**, el **beneficio** de una cooperativa (el excedente) se reparte entre los socios (lo que se llama el **retorno cooperativo**) en proporción a las actividades que cada uno ha realizado en ella y no en función de su aportación.
Las cooperativas tienen una larga historia y pretenden fomentar la asociación de los menos favorecidos.
Sin embargo, no todas las empresas dirigidas por los propios trabajadores tienen una estructura de cooperativa. En España existen las llamadas **sociedades anónimas laborales** (SAL) y **sociedades limitadas laborales** (SLL) en las que los trabajadores controlan el **capital social**.
Normalmente estas sociedades aparecen cuando una sociedad anónima o limitada existente tiene problemas para mantenerse en funcionamiento. Una solución para garantizar su continuidad es que las deudas que la sociedad tiene con los trabajadores (**salarios** no pagados

Unternehmensformen; Gesellschafter
gegründet werden
Interessen/Bedürfnisse befriedigen
Verbrauchergenossenschaft
Kaufbedingungen
Gründung
Genossen; eine Geldeinlage erbringen
Zinsen abwerfen
Generalversammlung
Vorstand
Steuern
Rücklagen
Gewinn
Rückvergütung
Arbeitnehmeraktiengesellschaft; Arbeitnehmergesellschaft mit beschränkter Haftung; Gesellschaftskapital
Löhne

etc.) se conviertan en **acciones** (en las Sociedades Anónimas Laborales) o **participaciones** (en las Sociedades Limitadas Laborales). Al menos el 51% del capital social ha de pertenecer a los trabajadores que **prestan sus servicios** en la empresa.

Aktien
Geschäftsanteile
ihre Arbeit verrichten

Como son sociedades mercantiles de responsabilidad limitada, los **socios responden limitadamente con** el capital invertido en la compañía y los **órganos de gestión y deliberación** también tendrán la misma estructura que en una SA o una SL.

die Haftung der Gesellschafter beschränkt sich auf; Führungs- und Beratungsorgane

Tanto la cooperativa como las sociedades laborales reciben por parte del Estado un **trato fiscal** más favorable que las demás **sociedades mercantiles**. [J.M./J.S.]

steuerliche Behandlung
Handelsgesellschaften

<u>cooperativa</u> (n.f.)

sin.: sociedad cooperativa;

fam.: cooperar (v., *mitarbeiten*); cooperativizar (v., *vergenossenschaften*); cooperación (n.f., *Mitarbeit*); cooperativismo (n.m.); cooperativista (n.f., *Genossenschaftsmitglied*; adj.);

con.: fundar = crear/disolver una cooperativa; hacerse socio de una cooperativa;
cooperativa agrícola = de agricultores (*landwirtschaftliche Genossenschaft*); ganadera = de ganaderos (*Zuchtgenossenschaft*); de producción (*Produktionsgenossenschaft*); de fabricantes (*Erzeugergenossenschaft*); industrial (*gewerbliche Genossenschaft*); obrera = de obreros (*Arbeitergenossenschaft*); de compras (*Einkaufsgenossenschaft*); de consumo = de consumidores (*Verbrauchergenossenschaft*); de distribución = de ventas (*Vertriebsgenossenschaft*); de construcción de viviendas (*Wohnbaugenossenschaft*); de crédito (*Kreditgenossenschaft*);
ser miembro de una cooperativa;
la distribución = la venta por cooperativas (*Genossenschaftsvertrieb*).

LA CONTABILIDAD

Buchhaltung

Dentro de una empresa la contabilidad sirve para registrar las operaciones efectuadas por la empresa y, de esta manera, determinar sus resultados. El objetivo final de este registro consiste en mostrar la **situación patrimonial** de la sociedad. Es decir, se intenta conocer los **bienes**, los **derechos** y las **deudas** que tiene la empresa en un momento dado. Así, una contabilidad bien llevada permitirá a cualquier persona seguir las operaciones que ha realizado la empresa durante un periodo determinado, conocer el valor de estas transacciones y saber los resultados positivos o negativos de las mismas.

Vermögenssituation

Güter; Ansprüche; Schulden

Aparte de que la contabilidad es una **exigencia legal**, la propia empresa ha de ser la más interesada en su realización porque la contabilidad es una fuente de información imprescindible para una buena **gestión**. Además, todas las personas interesadas en la situación de la empresa, como por ej. los **accionistas** y **acreedores**, realizan sus análisis sobre los **datos contables**.

gesetzliches Erfordernis

(Unternehmens-)Führung

Aktionäre; Gläubiger

buchhalterische Angaben

También el Estado calcula los impuestos que tiene que pagar una empresa a base de la información contable.

El sistema de registro contable más utilizado es el de la **contabilidad por partida doble**. Consiste en confeccionar **asientos**, es decir, en apuntar simultáneamente la entrada (o salida) de un bien con su correspondiente salida (o entrada) de dinero. De esta manera, por la compra de una máquina el asiento registrará el valor de compra de la máquina como entrada del bien, y la suma pagada como salida de dinero.

doppelte Buchhaltung

Buchungen

Para que la redacción de los asientos sea fácil de comparar entre las empresas, muchos países han desarrollado un **índice de cuentas**. En España se lo conoce por Plan General de Contabilidad (PGC) y es de obligado cumplimiento para todas las **SA** y **SL**.

Kontenrahmen

AG; GmbH (Ö: GesmbH)

Dado que estas operaciones se repiten muchas veces, los asientos quedan registrados en el **libro diario**.

Journal

Para mostrar a los propietarios que no hay ningún olvido en la cuentas se resumen los asientos en el **libro mayor**. — Hauptbuch

En los países desarrollados las empresas deben hacer pública la información contable. Esto supone presentar ante el **Registro Mercantil** las **Cuentas Anuales** (también llamadas "estados financieros" o "estados contables") que están formadas por — Handelsregister (Ö: Firmenbuch); Jahresabschluss

- el **balance** (exposición de la financiación e inversión de la empresa), — Bilanz
- la **cuenta de pérdidas y ganancias** (exposición de los resultados de la empresa), — Gewinn- und Verlustrechnung
- el **estado de cambios en el patrimonio neto** (exposición de los beneficios reinvertidos en la empresa y de los fondos aportados por los socios), — Eigenkapitalveränderungsrechnung
- el **estado de flujos de efectivo** (exposición de cómo ha evolucionado la tesorería de la empresa) y — Kapitalflussrechnung
- una **memoria**, sin ningún tipo de formato predefinido, donde se explica cómo se ha gestionado la compañía durante el **ejercicio contable**. — Anhang zum Jahresabschluss; Rechnungsjahr

Pueden presentarse otros informes financieros de acuerdo con las **Normas Internacionales de Contabilidad** (**Normas Internacionales de Información Financiera – NIIF**) o documentos como, por ej., el **informe de gestión** (resumen de la actividad y de las previsiones de los directivos de la empresa) o la **memoria de responsabilidad medioambiental**. [J.M./J.S.] — Internat. Buchhaltungs-Vorschriften; Int. Rechnungslegungsvorschriften – IFRS; Lagebericht; Nachhaltigkeitsbericht

<u>contabilidad</u> (n.f.)

sin: teneduría de cuentas (n.f., arcaico); contaduría (n.f.; en Latinoamérica)

fam.: contar (v.); contabilizar (v., *verbuchen*); contable (adj., n.m. *Buchhalter*); contador (n.m. *Buchhalter* en Latinoamérica)

con: llevar la contabilidad (*die Buchhaltung führen*); presentar la contabilidad; aprobar la contabilidad (*die Buchhaltung billigen*);
la contabilidad por partida doble/simple (*doppelte/einfache Buchführung*); la contabilidad nacional (*volkswirtschaftliche Gesamtrechnung*);

<u>balance</u> (n.m.)

fam.: balanza (de pagos, n.f., *Zahlungsbilanz*)

con: confeccionar = hacer un balance (*eine Bilanz aufstellen*);
balance equilibrado (*ausgeglichene Bilanz*), consolidado (*konsolidierte Bilanz*);
los análisis de balances (*Bilanzanalysen*); el examen del balance (*Bilanzprüfung*).

EL BALANCE Y LA CUENTA DE PÉRDIDAS Y GANANCIAS

Bilanz und Gewinn- und Verlustrechnung

Los principales documentos que produce la contabilidad son el **balance del ejercicio** y la cuenta de pérdidas y ganancias.

Jahresbilanz

El balance del ejercicio (o, según las **Normas Internacionales de Información Financiera**, el "Estado de Situación Patrimonial") de una empresa relaciona todo lo que ésta **posee** (los **activos**) con todo lo que **debe** (los **pasivos**). La diferencia se denomina **patrimonio neto**.

IFRS-Standards
Besitzen
Aktiva; schulden; Passiva
Eigenkapital

Puesto que todo lo que la empresa posee lo ha tenido que financiar, la suma de los activos debe coincidir con la suma de los pasivos más el patrimonio neto.

Los activos de la empresa reflejan las **inversiones a largo, medio** y **corto plazo**.

lang-, mittel- und kurzfristige Investitionen

Las inversiones que no se consumen en un año (por ej., edificios, **maquinaria**, etc.) reciben el nombre de **activo fijo** (también llamado "activo no corriente") mientras que las que se renuevan durante el **ejercicio** (por ej., **existencias**, deudas de los clientes, etc.) el de **activo circulante** (o "activo corriente").

Maschinen
Anlagevermögen
Geschäftsjahr; Vorräte
Umlaufvermögen

Los pasivos más el patrimonio neto son todos los **recursos financieros** obtenidos por la empresa. Entre éstos se distinguen:

- las **aportaciones** de los socios y las **reservas** y
- las **deudas** con bancos, **proveedores**, etc.

finanzielle Mittel
Einlagen; Rücklagen
Schulden; Lieferanten

Las empresas muestran distintas proporciones entre la **financiación propia** y la **financiación ajena**, por lo que se habla de la **estructura del capital** de una empresa.

Eigen-, Fremdfinanzierung; Kapitalstruktur

El balance no muestra cómo se han generado las pérdidas o los **beneficios** de una empresa, sino cómo ha financiado la empresa sus actividades.

Gewinne

Para conocer los **resultados** de la empresa hay que mirar la cuenta de pérdidas y ganancias (también denominada "cuenta de resultados"). En esta cuenta se registran todos los **ingresos** y todos los **gastos** de la empresa durante el ejercicio.

Ergebnisse
Einnahmen
Ausgaben

El resultado obtenido por la empresa tras deducir de sus ingresos los gastos puede ser negativo o positivo. En el primer caso se habla de pérdidas, en el segundo de ganancias.
Estas últimas son los **resultados brutos** de la empresa. Si de ellos se deducen los **impuestos** y las **amortizaciones**, se llega al beneficio o **resultado neto**, es decir, lo que realmente ha ganado la empresa.
Los **resultados ordinarios** de la empresa provienen del **propio negocio** y se subdividen en:

- el **resultado operativo** (o **de explotación**) procedente de la actividad comercial de la empresa (sus ventas) y
- el **resultado financiero** procedente de la actividad financiera (**pago** y **cobro de intereses**, etc.).

Los **resultados extraordinarios**, en cambio, son los generados por operaciones de compra y venta no previstas en los objetivos de la empresa (por ej., compra o venta de un terreno, que no se utiliza para la propia actividad de la empresa). [J.M./J.S.]

Bruttoergebnisse
Steuern
Abschreibungen
Nettoergebnis

Ergebnis der ordentlichen Geschäftstätigkeit; ordentliche Geschäftstätigkeit; Betriebsergebnis

Finanzergebnis
Zinszahlungen, Zinseinnahmen
Ergebnis der außerordentlichen Geschäftstätigkeit

Balance
(simplificado)

Activo	**Patrimonio neto + pasivo**
Activo circulante	**Patrimonio neto**
Activo fijo	- Capital social - Reservas
	Pasivo

Cuenta de resultados
(simplificada)

Ingresos
- Consumos y gastos
- Amortización

Resultado de explotación
+/- Resultado financiero

Resultado ordinario
+/- Resultado extraordinario

Resultado antes de impuestos
- Impuestos

Resultado neto

LA FACTURACIÓN, LA CIFRA DE VENTAS Y LA CIFRA DE NEGOCIOS

Umsatz, Absatz und Umsatzerlös

La facturación, la cifra (o el volumen) de ventas y la cifra de negocios son indicadores de la dimensión de las actividades comerciales de una empresa.

El término de más fácil comprensión es seguramente el de facturación que simplemente es la suma de los **importes totales** de todas las **facturas emitidas** durante un periodo de tiempo (normalmente durante un **ejercicio**).

Gesamtbeträge; ausgestellte Rechnungen
Geschäftsjahr

Sin embargo, la facturación no implica que la empresa haya **ingresado** todo este volumen de dinero.

einnehmen

Primero, en el total de la factura no están considerados los **descuentos por pronto pago**. Segundo, no todas las facturas **se cobran al contado**.

Skonti
in bar kassiert werden

Si una empresa necesita disponer de la suma facturada, existen **medios de pago** (las **letras de cambio**) que permiten anticipar el cobro de la factura mediante el **descuento bancario**. En este caso, un banco **adelanta** el dinero a la empresa cobrando una **comisión** que disminuye el importe ingresado respecto al facturado.

Zahlungsmittel; Wechsel
Diskontierung
vorschießen
Provision

A diferencia de la facturación que, como hemos visto, contempla el importe de las facturas, la cifra o el volumen de ventas se obtiene sumando los importes de los **pedidos**. Por lo tanto, no coincide con la facturación, aunque las diferencias entre lo pedido y lo facturado no suelen ser muy grandes. Se explican por el hecho de que no todos los pedidos del ejercicio tienen su correspondiente factura, sino que algunos se facturan en el ejercicio siguiente.

Aufträge

El término **volumen de ventas** muchas veces también se usa para indicar no sumas de dinero sino cantidades de productos vendidos (por ej., el número de unidades).

Absatz

Un concepto muy parecido al de la facturación es el de la cifra de negocios, que es el utilizado en la **contabilidad**.

Buchhaltung

La cifra de negocios se contempla como el volumen de ingresos que ha logrado la empresa durante un ejercicio por el **negocio propio** de

ordentliche Geschäftstätigkeit

la empresa. Esto quiere decir que se considera la venta de bienes o la prestación de servicios propios del **objeto social de la empresa**. Así por ej., en una **empresa minera** la venta de los ordenadores anticuados no es el negocio propio de la compañía y tampoco se considera negocio de la empresa cobrar **intereses** por el dinero colocado en las **cuentas bancarias**.

Unternehmensgegenstand; Bergwerksbetrieb

Zinsen

Bankkonten

Para calcular la cifra de negocios se toman en consideración las ventas de **productos terminados**, **semielaborados**, **residuos**, **embalajes**, etc.

Fertigwaren

Halbfertigwaren; Abfallprodukte; Verpackungen

La cifra de negocios se obtiene de la suma de los importes totales de las facturas pero, a diferencia de la facturación, se deducen los descuentos por pronto pago y las **devoluciones**.

Rückerstattungen

Dada la gran proximidad entre los tres conceptos parece que muchos autores tienden a utilizar estos términos de forma indiscriminada en sus textos.

De todas formas no debe confundirse ninguno de ellos con el de **beneficio**. [J.M./J.S.]

Gewinn

LA FINANCIACIÓN EMPRESARIAL

Las empresas necesitan financiar sus **inversiones** mediante fondos que aparecen en el **balance** clasificados como:

- **Fondos Propios** (Patrimonio Neto): Capital aportado por los **socios** y capital constituido por las **reservas**.
- **Fondos Ajenos**: **Deudas** contraídas por la empresa.

En los fondos propios debemos diferenciar:

- el **capital inicial** aportado por los socios en el momento de la **fundación de la sociedad;**
- el capital que se obtiene a partir de las **ampliaciones de capital;**
- las reservas que se constituyen a partir de los **beneficios no repartidos** entre los socios. Estas reservas pueden ser obligatorias o voluntarias. Las **reservas obligatorias** corresponden al cumplimiento de normas legales (**reservas legales**) o al cumplimiento de los **estatutos** de la sociedad (**reservas estatutarias**). Las **reservas voluntarias** las decide la junta general según las **necesidades de financiación** de la empresa.

Si la empresa no puede obtener la financiación que necesita a partir de los fondos propios deberá recurrir a los fondos ajenos. Estos se clasifican, en función de su duración, en fondos ajenos **a largo plazo** (deudas a más de un año) y fondos ajenos **a corto plazo** (hasta un año):
Los fondos ajenos a largo plazo son los empréstitos (en forma de **obligaciones** o **bonos**), los préstamos y el leasing.
Los fondos ajenos a corto plazo son, por ej., las **líneas de crédito** que conceden los bancos, el factoring, los **créditos de los proveedores** (por ej., mediante **letras de cambio**).
Aparte de estos tipos clásicos, existen formas de financiación que son difíciles de clasificar y que, según su conformación concreta, pueden entrar en los fondos propios o los fondos ajenos. Este es, por ej., el caso del **capital riesgo** que se instrumenta a través de **participaciones** en el capital en **préstamos convertibles en acciones**.

Unternehmensfinanzierung
Investitionen
Bilanz
Eigenkapital
Gesellschafter
Rücklagen
Fremdkapital; Schulden
Gründungskapital
Unternehmensgründung
Kapitalerhöhungen
nicht ausgeschüttete Gewinne
Pflichtrücklagen
gesetzliche Rücklagen
Satzungen; satzungsmäßige Rücklagen; freie Rücklagen; Finanzierungsbedarf
langfristig
kurzfristig
Anleihen; Schuldverschreibungen
Kreditlinien
Lieferantenkredite
Wechsel
Risikokapital
Anteile
in Aktien wandelbare Darlehen

Otro caso de difícil clasificación es el del **micro-mecenazgo**. Mediante esta fórmula una empresa que no consigue financiación por las vías tradicionales pide pequeñas aportaciones de dinero a un gran número de potenciales consumidores. Estos recibirán **como contraprestación** el producto gratis (o a un precio reducido) cuando se haya conseguido **sacar**lo **al mercado**.

La empresa debe decidir qué tipo y qué combinación de financiación ajena y de financiación propia le conviene más. La financiación ajena obliga a la empresa a pagar **intereses**, la financiación propia no, dado que los socios sólo cobran **dividendos** cuando la empresa obtiene beneficios. Por lo tanto, todo parece indicar que lo más rentable que puede hacer una empresa es financiar sus inversiones con fondos propios. Sin embargo, los pagos de intereses al reducir el beneficio provocan que se paguen menos **impuestos** y, en consecuencia, puede resultar interesante obtener también financiación ajena. De esta forma, los socios recibirán beneficios de inversiones que se han financiado sólo con recursos ajenos sin aportar ellos más capital.

Teniendo en cuenta el **coste de la financiación** ajena y los dividendos que esperan obtener los socios, la **gestión financiera** siempre ha de garantizar que la empresa no **se endeude** a un coste superior al **rendimiento** de la inversión. [J.M./J.S.]

Crowdfunding
als Gegenleistung
auf den Markt bringen
Zinsen
Dividenden
Steuern
Finanzierungskosten
Finanzmanagement
sich verschulden
Ertrag

LAS AMORTIZACIONES Y EL CASH-FLOW

Abschreibungen und Cash-Flow

En el lenguaje económico el término amortización tiene dos significados destacados:
Desde una perspectiva financiera la **amortización** consiste en una **devolución** de una suma de capitales prestados, es decir, en la devolución del **principal de un crédito**.
En **contabilidad**, sin embargo, la amortización se refiere a la **depreciación** o **pérdida de valor** de un **bien**. Cuando una empresa compra un bien (por ej., una máquina), en el **balance** de la empresa aparece el valor de este bien **al precio de compra**. En los siguientes **ejercicios** no sería lógico que la empresa continuase **valorando** ese bien por su **valor de adquisición**. Su uso, la aparición de nuevos bienes de una calidad superior, etc., son factores que disminuyen el valor de dicho bien. Por tanto, esta pérdida debe tenerse en cuenta cuando se establecen los **resultados de la empresa**. Si no se tiene en cuenta, al final de la **vida útil** de este bien la empresa no habrá **ahorrado** suficientes **fondos** como para sustituirlo. En consecuencia, el importe de las amortizaciones se considera **gasto** en la contabilidad, por lo que reduce los **beneficios** de la empresa. Legalmente se establecen **plazos** y reglas para determinar la pérdida de valor de los bienes, es decir, el valor de las **cuotas de amortización**. Estas disposiciones legales tienen una clara **finalidad fiscal**, ya que impiden reducciones exageradas de los beneficios sobre los que se calcula el **impuesto de sociedades**.
De todo lo dicho hasta ahora se desprende que una correcta **gestión empresarial** ha de obtener los recursos suficientes para sustituir todas sus **inversiones** al final de su vida útil. También se entiende que los beneficios declarados en la **cuenta de pérdidas y ganancias** no dan una idea completa de la capacidad de generar recursos que tiene la empresa, puesto que en ella los beneficios ya han sido reducidos por las cantidades dedicadas a **amortizar** los **bienes de producción**.

Tilgung
Rückerstattung
Kreditsumme
Buchhaltung
Wertverminderung; Wertverlust; Gut
Bilanz
zum Anschaffungspreis
Geschäftsjahre
bewerten
Anschaffungswert
Unternehmensergebnisse; Lebensdauer
sparen; Mittel
Aufwand
Gewinne
Fristen
Abschreibungsquoten
steuerlicher Zweck
Körperschaftssteuer
Unternehmensführung
Investitionen
Gewinn- und Verlustrechnung
abschreiben; Produktionsgüter

Es precisamente ahí donde entra el concepto de cash-flow.

El término cash-flow (**flujo de caja**) se define como la suma de los **beneficios netos** más las amortizaciones. Cuando intentamos valorar una empresa no se contemplan sólo los beneficios, sino también el flujo de caja que ésta es capaz de generar. Una empresa con beneficios muy pequeños no tiene por qué ser una empresa mal gestionada o con malas perspectivas si el volumen de amortizaciones es lo suficientemente grande. De esta manera el cash-flow es un indicador de la vitalidad de las empresas que complementa las informaciones que dan el balance y la cuenta de pérdidas y ganancias. [J.M./J.S.]

Cash-flow
Reingewinne

El cash-flow

<table>
<tr><td rowspan="4">Ingresos
por
ventas</td><td>Gastos
(materias primas, mano de obra, etc.)</td><td></td></tr>
<tr><td>Impuestos</td><td></td></tr>
<tr><td>Amortizaciones</td><td rowspan="2">Cash-flow
(autofinanciación)</td></tr>
<tr><td>Beneficios netos</td></tr>
</table>

LA COMPETITIVIDAD Y LA PRODUCTIVIDAD

Konkurrenzfähigkeit
Produktivität

Muchas veces, de una empresa que se encuentra en una situación delicada se dice que no es **competitiva** y que la solución de sus problemas pasa por una mejora de su competitividad.

konkurrenzfähig

Pero, ¿qué se entiende por competitividad de una empresa?

El término "competitividad" hace referencia a la capacidad de la empresa para mantenerse en un mercado en el que tiene que enfrentarse a la **competencia** de otras empresas. **Cuanto más competitivo sea el mercado**, es decir, cuanto más amplia sea la **oferta** de los productos en un mercado, tanto mayor deberá ser la competitividad propia para **captar la demanda**. Por lo tanto, depende de las condiciones del mercado, sobre todo de la actuación de las otras compañías, el que una empresa pueda considerarse competitiva.

Konkurrenz; je mehr Konkurrenz im Markt herrscht; Angebot

die Nachfrage anziehen

No existe ninguna medida absoluta para determinar el grado de competitividad necesario. La competitividad exigida a la empresa se analiza a partir de la **estructura de costes**, la **política de precios** y otras variables (calidad de los productos, niveles de publicidad, etc.) con las que ésta puede **entrar y mantenerse en el mercado**.

Kostenstruktur; Preispolitik

in den Markt eintreten und sich darin behaupten

Para mejorar la estructura de costes es necesario **sostener** o **ampliar los niveles de producción** de la empresa **reduciendo o conteniendo** al mismo tiempo **los gastos**. De esta manera, la empresa utiliza los mismos **recursos**, pero genera una producción mayor o, dicho de otra manera, aumenta su productividad.

das Produktionsniveau halten/ausweiten; die Ausgaben vermindern/in Grenzen halten; Ressourcen

El término productividad relaciona el **volumen de producción** de la empresa con los **factores** utilizados en la misma. La producción en el sentido de output de un **proceso productivo** es una medida absoluta que permite comparar las empresas sólo por el número de **productos ofertados** en el mercado.

Produktionsvolumen
(Produktions-)Faktoren

Produktionsprozess

angebotene Produkte

La productividad, en cambio, es una medida que pone en relación esa producción con factores

como el **número de horas trabajadas**, las **materias primas** utilizadas, etc. Con este tipo de medida relativa se intenta comparar las empresas no por el volumen final, sino por la correcta **gestión** de los inputs.
¿Cuáles son las medidas que puede adoptar una empresa para mejorar su productividad? Tradicionalmente, los aumentos de productividad más significativos surgen de la **sustitución del factor trabajo por el factor capital**. Esto quiere decir que se sustituye **mano de obra** por **maquinaria**. De esta manera se intenta reducir los **costes laborales** mediante la aplicación de nuevos **sistemas de producción con un rendimiento mayor**. De ahí que muchas empresas con una elevada productividad y a la vez con un alto nivel de competitividad se caractericen por un uso intensivo del capital, por lo que se dice que son **capital-intensivas**. [J.M./J.S.]

Zahl der Arbeitsstunden
Rohstoffe
Handhabung
Ersatz des Faktors Arbeit durch den Faktor Kapital
Arbeitskräfte
Maschinen
Arbeitskosten
Produktionssysteme mit höherer Leistung
kapitalintensiv

competencia (n.f.)
fam.: competir (v., *konkurrieren*); competición (n.f., *Wettbewerb – z.B. Sport*); competitividad (n.f.); competidor (n.m., *Konkurrent*); (ser) competitivo (adj.);
con.: la competencia aumenta/disminuye; hacer la ... a alguien = estar en competencia con alguien; hacerse la competencia (*sich gegenseitig Konkurrenz machen*); adelantarse a la competencia (*der Konkurrenz zuvorkommen*); eliminar la competencia del mercado; no tener competencia;
competencia desleal (*unlauterer Wettbewerb*); fuerte competencia;
competitividad: mantener la competitividad; mejorar la competitividad;

productividad (n.f.)
fam.: producir (v.); producción (n.f.); producto (n.m.); productor (n.m.); (ser) productivo (adj.);
con.: la productividad aumenta/se mantiene/disminuye;
la productividad del trabajo (*Arbeitsproduktivität*); la productividad máxima/media/mínima;
el aumento = el incremento de la productividad; el desarrollo de la productividad (*Produktivitätsentwicklung*); la tasa de productividad (*Produktivitätsrate*); la prima de productividad (*Produktivitätsprämie*).

LAS CONCENTRACIONES EMPRESARIALES

Unternehmenskonzentrationen

En la vida de muchas empresas llega el momento en el que por la **expansión de su negocio** se plantea la necesidad de buscar una forma de colaboración con otras empresas.
Esta colaboración puede tener estructuras muy diversas, pero el fin último es mejorar la posición de la empresa en el mercado. Se intenta conseguir una **reducción de costes** mediante un incremento de la **dimensión de la empresa**, y, de esta manera, beneficiarse de **economías de escala**.
La estructura más típica es la de un **grupo empresarial**. Se caracteriza por tener una **sociedad holding** que controla el **capital** de las distintas empresas **filiales**. Este control se realiza normalmente mediante la **adquisición** de una parte decisiva de las **acciones** de las distintas sociedades del grupo. En este caso el holding tiene la estructura de una **sociedad de cartera**, también llamada sociedad anónima de inversión mobiliaria. Esto es, una empresa cuyo **activo** está formado por una **cartera de valores**, principalmente las acciones de las sociedades filiales.
Otra forma de control consiste en que el holding sea el principal **acreedor** de las empresas que forman el grupo mediante la **concesión de préstamos**, **suscripción de empréstitos**, etc.
Aparte del grupo empresarial, en el que las distintas empresas pierden su independencia en favor de la **casa matriz**, existen otras formas de colaboración empresarial que permiten a las distintas sociedades mantener su autonomía.
El **cártel**, una colaboración de empresas del mismo **ramo** y de similar dimensión, sirve en primer lugar para limitar o impedir una **situación de competencia**. Por esta razón, muchas veces conduce a prácticas monopolísticas.
El **consorcio**, al contrario, implica el **acuerdo** de empresas de distintos sectores y dimensiones para ejecutar un proyecto empresarial concreto.

Ausweitung ihres Geschäftsbereichs
Kostenverringerung
Unternehmensgröße
Skalenerträge
Konzern
Holdinggesellschaft
Kapital
Tochterfirmen*
Erwerb
Aktien
Beteiligungsgesellschaft
Vermögen
Wertpapierbestand
Gläubiger
Darlehensgewährung
Zeichnung von Anleihen
Muttergesellschaft
Kartell
Branche
Konkurrenzsituation
Konsortium; Übereinkommen

Muchas veces se trata de desarrollar proyectos internacionales que necesitan la **colaboración** de empresas con especializaciones muy concretas. Un ejemplo típico son los consorcios europeos para el desarrollo de aviones, satélites, etc.

Zusammenarbeit

La **joint-venture** (también "empresa conjunta") supone la colaboración entre dos (a veces más) empresas para llevar a cabo la producción y **comercialización** de un determinado producto. Es una forma tradicional de **penetración en mercados nuevos** en los que una firma productora extranjera se une con una empresa nacional que conoce bien el mercado, pero no dispone de los medios de producción necesarios. Se diferencia de las puras **relaciones comerciales** de **importación** y **exportación** en que la empresa nacional se hace cargo de la producción. La tarea de la empresa extranjera consiste en primer lugar en **suministrar** la tecnología, encargarse de la **formación de la mano de obra** y de las estructuras organizativas.

Joint-Venture
Vermarktung
Eindringen in neue Märkte
Handelsbeziehungen
Import; Export
liefern
Ausbildung der Arbeitskräfte

Una forma muy específica de concentraciones empresariales son las **Uniones Temporales de Empresas (UTE)**, en las que se reúnen varias compañías para realizar un proyecto concreto, muchas veces una **obra pública** (construcción de túneles, autopistas, etc.). Finalizado el proyecto, la UTE desaparece. [J.M./J.S.]

Arbeitsgemeinschaften (Arge)
öffentliches Bauvorhaben

* Nota: No confundir el término español "filial" (Tochterfirma) con el término alemán "Filiale" ("sucursal" en español). Mientras que la primera es una empresa con personalidad jurídica propia, la sucursal es un departamento o punto de venta de una empresa.

LA ADQUISICIÓN Y LA FUSIÓN DE EMPRESAS

Übernahme und Fusion von Unternehmen

En el mundo empresarial existen motivos muy diversos (sobre todo los relacionados con la buena o mala marcha de la empresa, pero también organizativos, **fiscales**, etc.) para que una empresa se plantee su unión con otra u otras empresas.

Si una empresa quiere influir en otra puede decidir adquirir una parte o la totalidad de la misma. Normalmente, esta adquisición se realiza mediante la compra de un **paquete de acciones**. En España, cuando este paquete supera el 25% del **capital social** de la empresa que se quiere comprar, es necesario hacer una **oferta pública de adquisición de acciones** (OPA). Este proceso, diseñado principalmente para las compañías que **cotizan en bolsa**, consiste en que la compañía compradora notifica a los **accionistas** de la empresa que desea adquirir el precio y los **plazos** en que éstos pueden vender sus acciones. Normalmente, esto supone la **suspensión temporal de la cotización en bolsa** de estas acciones.

La compañía compradora de esta manera se convierte en **socio** de la otra compañía con todos los derechos que esto implica.

Incluso en el caso de una **adquisición total** la empresa comprada no desaparece. Puede seguir realizando sus actividades, pero estará bajo el control de la primera.

Si, además de comprar la totalidad de las **participaciones** de otra empresa, la sociedad compradora decide suprimir toda la organización de la compañía adquirida incorporándola a la suya propia, se habla de una **absorción**. La sociedad absorbente se hace cargo de todos los derechos y deberes de la sociedad absorbida.

La fusión de dos o más empresas implica la formación de una nueva compañía (con nombre y organización distintos). Ésta tendrá un capital social formado por las **aportaciones** de los accionistas de las respectivas compañías fusionadas, es decir, se suman los capitales soci-

steuerlich

Aktienpaket

Grundkapital

öffentliches Übernahmeangebot

an der Börse notieren

Aktionäre

Fristen

befristete Aussetzung der Börsennotierung

Gesellschafter

Komplettübernahme

Anteile

Absorption

Einlagen

ales de las dos empresas. La nueva sociedad no tiene por qué tener el capital dividido en partes iguales (el 50% cada empresa). Antes de la fusión se realiza una valoración de cada una de las compañías que determina la proporción y el peso en los **órganos de gobierno** de la nueva sociedad. Como consecuencia de este proceso de valoración, una empresa con menor capital social pero con mejores resultados o mejores perspectivas puede conseguir relativamente más influencia en la **dirección** de la sociedad resultante.

leitende Organe

Leitung

A veces, las fusiones se realizan dentro del mismo **grupo empresarial**. En este caso, aparte de las razones de tipo organizativo, podemos destacar la intención de conseguir ciertas **ventajas fiscales** o ayudas de los organismos oficiales. En muchos países, para **incentivar la creación de empresas** de gran dimensión, se ofrecen apoyos financieros a la fusión de **pequeñas y medianas empresas** (pymes).

Konzern

steuerliche Vorteile

Anreiz für Unternehmensgründung schaffen

Klein- und Mittelbetriebe

El proceso inverso de la fusión sería el de **segregación** de una empresa en dos o más sociedades. Normalmente se procede a una segregación cuando existen dentro de la empresa **divisiones** con cierta autonomía y cuando de esta manera se puede mejorar la presentación de los resultados. Muchas veces, cuando una división de la empresa está en crisis, para no perjudicar a las restantes, se intenta separar las **cuentas de pérdidas y ganancias** formando varias sociedades. [J.M./J.S.]

Zergliederung

Abteilungen

Gewinn- und Verlustrechnungen

LA RESPONSABILIDAD SOCIAL CORPORATIVA

Corporate Social Responsibility

En los países europeos el desarrollo del **estado del bienestar** ha generado una sociedad donde el gobierno tiene la responsabilidad de suministrar los servicios básicos al ciudadano.

Wohlfahrtsstaat

En otros países donde esta estructura social no está implantada, se espera que las empresas reinviertan parte de sus **beneficios** construyendo **obras públicas** o suministrando servicios sociales como escuelas, hospitales, etc.

Gewinne
öffentliche Bauten

Esta **aplicación de los beneficios** en actividades que van a ayudar a la sociedad es lo que se define como Responsabilidad Social Corporativa (RSC).

Gewinnverwendung

Esto no significa que las empresas instaladas en Europa no cumplan también con su RSC. Ocurre que en Europa la **legislación social** es tan amplia que el sólo **cumplimiento** de las normas implica que la empresa ya está actuando con responsabilidad social. Además, la globalización provoca que la responsabilidad empresarial no se restrinja sólo al lugar donde tiene su **sede social** sino que afecte a todos los países donde la empresa opera. Por lo tanto, la tendencia es que las empresas redacten con más frecuencia sus **memorias de responsabilidad social** donde exponen las actuaciones que han realizado en favor de los ciudadanos.

Sozialgesetzgebung
Erfüllung
Unternehmenssitz
Corporate Social Responsibility-Berichte

En las memorias se explica lo que la empresa ha conseguido respecto a:

- **trabajadores**: planes de formación, actividades para prevenir accidentes, **igualdad de género**, ayudas a las familias de los trabajadores, etc.
- **clientes**: campañas de educación en el uso o consumo de los productos, actividades en favor de la salud, líneas de atención a los **consumidores**, etc.
- **proveedores**: selección de proveedores que también cumplen con su RSC, formación de pequeños proveedores o de proveedores locales, etc.

Arbeitnehmer
Gleichstellung der Geschlechter
Kunden
Konsumenten
Lieferanten

- **Administraciones Públicas**: acuerdos para financiar instalaciones de uso público, planes para evitar la corrupción, etc.

öffentliche Körperschaften

Especialmente en Latinoamérica es muy importante explicar la relación de la empresa con las comunidades de indígenas o de ciudadanos que habitan zonas donde pueden verse afectados por las actividades próximas de la empresa. La legislación de algunos países ya lo contempla, pero siempre se espera que la empresa haga algo más que el simple cumplimiento. Por eso, es muy habitual ver escuelas, **instituciones de formación profesional** o ambulatorios financiados por las empresas que operan en ese entorno geográfico.

Berufsbildungseinrichtungen

Otro aspecto que se engloba en la memoria de RSC es el **respeto al medio ambiente** que puede dar lugar a una memoria específica (en España la **memoria medioambiental**). En ella deben explicarse la **gestión de los residuos y del agua**, la **repoblación forestal**, etc.

Umweltfreundlichkeit

Umweltbericht

Abfall- und Wasserwirtschaft; Wiederaufforstung

La combinación de RSC y respeto al medio ambiente debería dar como resultado un **desarrollo sostenible** (o “sustentable” como se dice en Latinoamérica) que las empresas presentan en sus **informes de sostenibilidad**. [J.M./J.S.]

nachhaltige Entwicklung

Nachhaltigkeitsbericht

COMERCIO Y SECTOR EXTERIOR

LA GLOBALIZACIÓN

Globalisierung

El término "globalización", traducción del inglés "globalization" (también se habla, aunque menos frecuentemente, de "**mundialización**", que corresponde al francés "mondialisation") se refiere a la creciente interdependencia de los países del mundo, sobre todo en lo económico.

Globalisierung

El fenómeno de la globalización habría sido imposible sin el espectacular **progreso tecnológico** en los campos del transporte y de la comunicación:

technologischer Fortschritt

- notable reducción del **flete marítimo**,
- fuerte extensión y **abaratamiento** del transporte aéreo y por carretera,
- **caída en picado** del coste de la comunicación telefónica y
- mejora del **procesamiento de información**, lanzamiento de la red en los años 90.

Seefrachtkosten
Verbilligung
Verfall
Informationsverarbeitung

En el plan ideológico, la globalización toma su justificación de los innegables efectos positivos de la **división internacional del trabajo**. Este argumento, que ya estaba en la base del **liberalismo** económico del siglo XIX, forma parte también del llamado "**neoliberalismo**", la doctrina económica dominante desde los años 80 del siglo XX. Además de la división internacional del trabajo y el **libre comercio**, el neoliberalismo aboga también por la **inversión** internacional, la **convertibilidad** y estabilidad de las **monedas**, la **desregulación** y la **privatización**. Todos estos factores fomentan la globalización, como lo demuestra, por ej., el boom de las inversiones españolas en América Latina posibilitadas por los programas de privatización de los años 90 en aquella región.

internationale Arbeitsteilung; Liberalismus
Neoliberalismus
Freihandel
Investition
Konvertierbarkeit
Währungen; Deregulierung; Privatisierung

Aunque globalmente positivos, los efectos de la globalización son también negativos para ciertos países y determinados grupos de la sociedad. Estos efectos negativos han hecho surgir, a finales de los años 90, un fuerte **movimiento anti-globalización**. Sus miembros se llaman "**antiglobalizadores**" o, especialmente en México, "globalifóbicos".

Antiglobalisierungsbewegung
Globalisierungsgegner

La globalización afecta a todos los aspectos de la actividad económica: producción, distribución, consumo y finanzas.

El fenómeno más antiguo es el del **comercio internacional**: mientras en 1820 las exportaciones mundiales sólo representaron el 1% del valor de la producción mundial (**producto mundial**), hoy en día suponen ya más del 15%, **con tendencia al alza**. Limitado inicialmente a las materias primas y los **productos manufacturados**, el comercio internacional se extiende cada vez más a los servicios y a la **propiedad intelectual**.

La difusión internacional de muchos productos conduce, inevitablemente, a una progresiva homogeneización de ciertas **pautas de consumo** (comida rápida, música pop, etc.).

Más reciente, pero también más profunda, es la globalización en el campo de la producción. Hoy en día, los flujos de **inversión extranjera** crecen a mayor ritmo que el **comercio mundial**. Entre un 20% y 30% del **PIB** mundial está ya bajo el dominio directo de las **empresas multinacionales**, y cada día nos enteramos por los medios de comunicación de nuevos casos de **fusiones**, **adquisiciones** y **alianzas estratégicas** entre empresas de nacionalidad distinta.

El más globalizado de los sectores, sin embargo, es el de las finanzas, consecuencia de la libre convertibilidad de las monedas y la liberalización de los **movimientos de capitales** a partir de los años 80 del siglo XX. Sólo un 3% de los flujos financieros internacionales corresponde a transacciones en la **economía real**, el resto tiene fines especulativos. Para limitar esta **especulación** desenfrenada, los antiglobalizadores proponen la introducción de un impuesto sobre **transacciones financieras**, que ya se ha implantado en algunos países de la Unión Europea. [F.R.]

internationaler Handel
Weltprodukt
Tendenz steigend
verarbeitete Produkte
Urheberrechte
Konsumgewohnheiten
Auslandsinvestition
Welthandel
BIP
multinationale Unternehmen
Fusionen; Übernahmen; strategische Allianzen
Kapitalbewegungen
Realwirtschaft
Spekulation
Finanztransaktionen

LA INTEGRACIÓN ECONÓMICA

wirtschaftliche Integration

La globalización coexiste, hoy en día, con una tendencia todavía más fuerte a la **regionalización**, eso es, la formación de bloques económicos regionales. Podemos distinguir seis grados de integración económica.

Regionalisierung

1. En un **acuerdo preferencial**, una serie de países se conceden entre sí **ventajas arancelarias y comerciales** que no aplican a terceros.

Präferenzabkommen
Zoll- und Handelsvorteile

2. Una **zona de libre comercio** permite la **libre circulación de bienes y servicios** por toda la zona, pero cada país mantiene frente a terceros su **régimen de comercio** así como su propio **arancel de aduanas**.

Freihandelszone; freier Verkehr von Gütern und Dienstleistungen
Handelsregime
Zolltarif

3. La **unión aduanera** se distingue de la zona de libre comercio por incluir un arancel común frente al resto del mundo (llamado "**tarifa exterior común** (**TEC**)" en la **UE**).

Zollunion
gemeinsamer Außenzoll (GAZ); EU

4. En una **unión económica**, la **libre circulación** comprende, además **de los bienes, servicios, capitales y personas**. La realización de un **mercado común** de este tipo conlleva necesariamente un proceso de **armonización** de los marcos institucionales de las economías integrantes y, por tanto, importantes **cesiones de soberanía** por parte de los estados miembros.

Wirtschaftsunion; freier Waren-, Dienstleistungs-, Kapital- und Personenverkehr; gemeinsamer Markt; Harmonisierung
Souveränitätsverzicht

5. Si además se adopta una **moneda única**, se pasa al grado siguiente de una **unión económica y monetaria** (**UEM**), como la que forman los países de la "**zona euro"** (también "eurozona", o "área euro").

Einheitswährung
Wirtschafts- und Währungsunion (WWU)
Eurozone

6. Finalmente, la **coordinación** cada vez más estrecha en todos los ámbitos de la política podría desembocar, a largo plazo, en una **unión política**.

Koordinierung
politische Union

La integración económica conlleva una serie de ventajas. La **especialización** de los países según sus **ventajas comparativas**, las **economías de escala** alcanzables gracias al mercado más amplio, la mayor **competencia** y la creciente **transparencia del mercado** contribuyen a bajar el **nivel de precios**. Al mismo tiempo, aumenta la **variedad de la oferta**. En el campo político, cabe destacar el mayor poder de nego-

Spezialisierung
komparative Kostenvorteile; Skalenerträge
Konkurrenz
Markttransparenz
Preisniveau
Reichhaltigkeit des Angebots

ciación frente a otros países, bloques regionales y organismos internacionales como la **OMC**. Entre las ventajas de una unión monetaria podríamos mencionar la mayor **transparencia de los precios**, la mayor **estabilidad monetaria y de los tipos de interés**, así como la desaparición del **riesgo de cambio** y de las **comisiones** a pagar por el **cambio de divisas**. Las principales consecuencias negativas son las que se derivan de la desigual incidencia sobre países, sectores y grupos, así como eventuales **ajustes** que conlleva la **reestructuración** del **aparato productivo**. La integración beneficia a los más **competitivos** y castiga a los más débiles, creando así mayores desequilibrios regionales y disparidades sociales. En la UE se intenta suavizar estos efectos negativos con la concesión de **períodos de transición** y a través de mecanismos de subvención y **redistribución** como la **Política Agrícola Común** (**PAC**), los **fondos estructurales** y los **fondos de cohesión**. Entre los efectos potencialmente negativos de una unión monetaria cabe destacar la pérdida de la posibilidad de actuar, a nivel de países, sobre los **tipos de cambio** para recuperar la **competitividad** en el exterior o sobre los tipos de interés para hacer frente a **tendencias inflacionistas** o una **crisis económica** de ámbito nacional. [F.R.]

WTO

Preistransparenz
Geldwertstabilität
und der Zinssätze
Wechselkursrisiko; Provisionen; Devisenumtausch

Anpassungen; Umstrukturierung; Produktionsapparat; konkurrenzfähig

Übergangsfristen

Umverteilung; Gemeinsame Agrarpolitik (GAP); Strukturfonds; Kohäsionsfonds

Wechselkurse
Wettbewerbsfähigkeit

Inflationstendenzen
Wirtschaftskrise

EL LIBRECAMBIO Y EL PROTECCIONISMO

Freihandel und Protektionismus

En cuanto al grado de regulación deseable en el comercio internacional existen básicamente dos ideologías:

- la **librecambista**, partidaria de **relaciones comerciales** internacionales sin restricciones, y
- la **proteccionista**, que desea un mayor o menor grado de protección de los **productos nacionales** frente a los extranjeros.

Freihandels-(Ideologie); Handelsbeziehungen
protektionistisch
einheimische Produkte

Los **librecambistas** argumentan que el libre cambio en combinación con una especialización de los países en las producciones para las cuales tienen las mejores condiciones (**ventajas absolutas y comparativas**) redundaría en beneficio de todos.

Freihändler
absolute und komparative Kostenvorteile

Los **proteccionistas**, en cambio, insisten en la necesidad de establecer **medidas proteccionistas** para mantener el empleo en sectores no **competitivos** o para proteger una industria naciente.

Protektionisten
protektionistische Maßnahmen
wettbewerbsfähig

En la realidad, el **régimen comercial** de casi todos los países presenta aspectos librecambistas y proteccionistas a la vez: los gobiernos suelen ser librecambistas donde su economía es competitiva y proteccionistas donde no lo es. Así, las **grandes potencias industriales** como los EE.UU., la UE o Japón **abogan por** el libre cambio en el **sector tecnológico** o **financiero**, donde son muy competitivos, pero al mismo tiempo se muestran ferozmente proteccionistas en la agricultura, donde los **países del Tercer Mundo** tienen claras **ventajas competitivas** a causa del bajo coste de la **mano de obra**.

Handelsregime
große Industriemächte
eintreten für
Technologie-, Finanzsektor
Dritte-Welt-Länder
Wettbewerbsvorteile
Arbeitskräfte

Muchos países latinoamericanos practicaron, con escaso éxito, una política proteccionista, la llamada "política de **sustitución de importaciones**", fomentando con altos **aranceles** la producción nacional de productos anteriormente importados, antes de adoptar una política de **apertura comercial** en los años 90 del siglo XX.

Importsubstitution
Zölle
Öffnung des Handel

Un país proteccionista puede utilizar una serie de **barreras comerciales**.

Handelsbarrieren

Las más importantes son las barreras **arancelarias**, es decir, los aranceles. Cualquier arancel provoca que el precio del producto suba y que sea menos competitivo en el interior del país.	tarifär
Entre las barreras **no arancelarias**, destacan las **cuotas** o los **contingentes**, que limitan la cantidad que se puede importar de un determinado producto. Medidas más sutiles son las	nicht-tarifär Quoten; Kontingente
licencias o **permisos a la importación**, que sólo pueden obtener personas o empresas muy concretas, las **normas técnicas** o **higiénicas**, severos **controles en aduana**, etc. [F.R.]	Einfuhrlizenzen, -genehmigungen technische, Hygienevorschriften; Zollkontrollen

<u>librecambio</u> (n.m.) – <u>proteccionismo</u> (n.m.)
sin.: libre comercio;
fam.: librecambismo (n.m.); librecambista (n.m., adj.); – proteger (v.); protección (n.f.); proteccionista (n.m., adj.);
con.: <u>librecambista</u>: política librecambista; – <u>proteccionista</u>: política proteccionista;

<u>exportación</u> (n.f.) – <u>importación</u> (n.f.)
fam.: exportar – importar; exportador – importador (n.m., adj.);
con.: exportar a/importar de un país; exportación/importación de una mercancía; <u>exportador/importador</u>: los países exportadores/importadores de un producto;

<u>arancel</u> (n.m.)
sin.: arancel aduanero, tarifa aduanera, tarifa arancelaria, derecho aduanero, impuesto aduanero, impuesto arancelario, derecho arancelario;
fam.: arancelario (adj.);
con.: introducir = fijar un arancel sobre = a un producto; gravar un producto con un arancel; bajar = reducir un arancel; aumentar = subir un arancel;

<u>aduana</u> (n.f.)
fam.: aduanero (n.m., *Zöllner;* adj.);
con.: declarar una mercancía en la aduana; la inspección = el control de/en aduana; <u>aduanero</u>: la unión aduanera; el derecho aduanero.

LA ORGANIZACIÓN MUNDIAL DEL COMERCIO

Welthandelsorganisation

A final de la Segunda Guerra Mundial las potencias aliadas quisieron crear una serie de organizaciones para fomentar un orden económico internacional de carácter liberal. Así nacieron el **Fondo Monetario Internacional** y el **Banco Mundial** (creados en la conferencia de Bretton Woods en 1944). Una tercera organización debía completar el sistema y ocuparse de los problemas del comercio, pero el congreso de EE.UU. nunca llegó a ratificar la propuesta. En su lugar se firmó un **Acuerdo General sobre Aranceles Aduaneros y Comercio** (**GATT**, 1947), en el que los países contratantes se comprometieron a eliminar progresivamente las **barreras al comercio**.

Internationaler Währungsfonds; Weltbank

Allgemeines Zoll- und Handelsabkommen (GATT)

Handelsbarrieren

El GATT se basa en una serie de principios, entre los que destacan los siguientes:

- la "**no discriminación**" (**cláusula de nación más favorecida**): obliga a los Estados firmantes a conceder un trato igual de favorable a todos los miembros;
- la "**reciprocidad**": cada país beneficiario de reducciones arancelarias debe ofrecer concesiones similares;
- la "**transparencia**": con el GATT se excluyen las reducciones cuantitativas al comercio y se propugna el uso de los aranceles como fórmula de protección exterior;
- la prohibición del **dumping**, es decir, la venta de productos en un **mercado exterior** a precios inferiores a los practicados en el **mercado nacional**, y de las **subvenciones a la exportación**;
- la reducción progresiva de los aranceles (que, efectivamente, pasaron de un promedio del 40% en 1947 al 4% en la actualidad).

Nicht-Diskriminierung; Meistbegünstigungsklausel

Gegenseitigkeit

Transparenz

Dumping
Auslandsmarkt
Heimatmarkt
Exportsubventionen

Desde 1995, la supervisión y desarrollo del **comercio mundial** está en manos de la Organización Mundial del Comercio (**OMC**), cuyos miembros representan más del 90% del comercio mundial.

Welthandel

WTO

La tarea más importante de la OMC es el control del respeto de los distintos **tratados y acuerdos comerciales multilaterales**.

multilaterale Handelsverträge und Handelsabkommen

El GATT, el más antiguo y conocido de estos acuerdos (que nunca se había transformado de un acuerdo intergubernamental y provisional en una organización), fue absorbido por la OMC y sigue en vigencia.

Mientras que el GATT, en un principio, fue concebido para el **comercio de mercancías**, con la **Ronda de Uruguay** (1986–1994) y las negociaciones posteriores la **libertad de comercio** se extendió a nuevos sectores como

Warenhandel; Uruguay-Runde Handelsfreiheit

- la agricultura,
- los textiles,
- los servicios (**Acuerdo General sobre el Comercio de Servicios**; **AGCS**) y también
- los **derechos de propiedad intelectual** (por ej., marcas, patentes, derechos de autor, etc.; **Acuerdo sobre los Aspectos de los Derechos de Propiedad Intelectual relacionados con el Comercio**; **ADPIC**).

Allg. Abk. ü. d. Dienstleistungsverkehr; GATS Urheberrechte

Abk. ü. handelsbezog. Aspekte d. Rechte an geistigem Eigentum; TRIPS

Además de foro de negociaciones multilaterales, la OMC es también un foro de resolución de **conflictos comerciales** entre los miembros. La OMC alienta a sus miembros a que solucionen sus diferencias mediante la celebración de **consultas**. Si esto no da resultados, quien se sienta perjudicado en sus derechos puede iniciar un procedimiento consistente en varias fases, el cual incluye la posibilidad de que un grupo de expertos **adopte una resolución** al respecto y el derecho de **recurrir contra** tal resolución. Si la **sentencia** final no se **acata**, la parte perjudicada puede imponer a la parte culpable sanciones compensatorias por el importe fijado por el tribunal de la OMC. [F.R.]

Handelsstreitigkeiten

Konsultationen

eine Entscheidung fällen

Berufung einlegen gegen

Urteil; befolgen

## LA BALANZA DE PAGOS	Zahlungsbilanz
La balanza de pagos de un país es un **documento contable** en el que se registra el importe de todas las transacciones económicas entre sus **residentes** y **no residentes** durante un periodo determinado, generalmente un año.	Buchhaltungsdokument Inländer; Ausländer
Presentaremos aquí el esquema del **Banco de España** con tres principales **cuentas** o **balanzas**.	Spanische Nationalbank Bilanzen
1. La **cuenta corriente** (o **balanza por cuenta corriente**) registra las transacciones de bienes, servicios, rentas y transferencias corrientes. Comprende cuatro **subcuentas** o **subbalanzas**:	Leistungsbilanz Teilbilanzen
• La **balanza comercial** o **de mercancías**, que en España es crónicamente **deficitaria**, registra el valor de las transacciones de mercancías o **productos tangibles**.	Handelsbilanz; Güterbilanz; defizitär materielle Güter
• En la **balanza de servicios** se reúnen los **productos no tangibles** (turismo, seguros, construcción, etc.). En esta subbalanza España tiene siempre un fuerte **superávit** en la **rúbrica** de turismo y viajes.	Dienstleistungsbilanz immaterielle Güter Überschuss Position
• La **balanza de rentas** incluye las rentas de trabajo, las de capital y otras, obtenidas fuera del país de residencia.	Bilanz der Erwerbs- und Vermögenseinkommen
• La **balanza de transferencias corrientes** registra operaciones que no tienen una **contrapartida** económica directa, como por ej. las **remesas** de emigrantes, las pensiones cobradas en el extranjero, las **subvenciones a la exportación** pagadas por la UE, etc.	Bilanz der laufenden Übertragungen; Gegenleistung Geldüberweisungen Exportsubventionen
2. La **cuenta** o **balanza de capital** registra las transferencias de capital, privado y público (diversos fondos europeos), y la compraventa de **activos inmateriales** no financieros como patentes, derechos de autor o marcas comerciales.	Bilanz der Vermögensübertragungen immaterielle Aktiva
3. La **cuenta** o **balanza financiera**, que refleja el flujo de inversiones, concesiones de créditos y cambios en las **reservas de divisas**, se subdivide en dos subcuentas:	Kapitalbilanz Währungsreserven
• la del Banco de España y	
• una llamada "Total, excluido Banco de España", que está compuesta por las cuatro ba-	

lanzas “**Inversiones directas**”, “**Inversiones de cartera**”, “**Otra inversión**” y “**Derivados financieros**”.

Direktinvestitionen; Wertpapieranlagen; übriger Kapitalverkehr; Finanzderivate

La cuenta financiera del Banco de España, por su parte, registra las reservas de divisas y las variaciones de los **activos** y **pasivos** exteriores del banco central.

Aktiva; Passiva

Por fin, hay que añadir una cuenta llamada “**Errores y omisiones**”, donde se reúnen también las transacciones no clasificables.

Bilanz der statistisch nicht aufgliederbaren Transaktionen

Cada una de estas cuentas puede arrojar un **saldo positivo** (también llamado “superávit”), **nulo/equilibrado** o **negativo** (también llamado “**déficit**”).

positiver Saldo
Null-/ausgeglichener, negativer Saldo; Defizit

El saldo final, por el principio de **partida doble** que rige la elaboración de la balanza de pagos, resulta siempre equilibrado desde el punto de vista contable, pero no por eso tiene que haber **equilibrio económico**.

doppelte Buchführung
ökonomisches Gleichgewicht

La balanza por cuenta corriente es un reflejo de la **fuerza económica** de un país, de su **competitividad** internacional. Por eso, tendría que estar equilibrada a largo plazo. Si un país no consigue pagar sus importaciones con sus exportaciones, tiene que tomar prestado dinero del extranjero. Tarde o temprano, sin embargo, esa deuda externa tendrá que ser pagada con más exportaciones. Un **déficit crónico** de la balanza por cuenta corriente en conjunción con la falta de inversiones por parte de empresas extranjeras o de préstamos en divisas concedidos por bancos internacionales pueden resultar en el agotamiento de las reservas de divisas y, en última consecuencia, en la **quiebra** de un país. En estos casos extremos, es normalmente el Fondo Monetario Internacional quien funciona como **prestamista de último recurso**. [F.R.]

Wirtschaftskraft; Wettbewerbsfähigkeit
chronisches Defizit
Bankrott
Darlehensgeber für Notfälle

EL TIPO DE CAMBIO

El tipo de cambio es la relación de valor entre dos **monedas** en un momento determinado. Se llama "**fijo**" si un país se compromete a mantener constante el valor de su moneda respecto de otra, y "**flotante**" si una moneda **oscila libremente** en los **mercados de divisas** en relación a las demás monedas.

El valor de una moneda se determina en los mercados de divisas por el **juego de la oferta y la demanda**. Si hay más demanda que oferta, la **cotización** (es decir, el precio) de la moneda sube, en el caso contrario, baja. La demanda puede provenir de **importadores** que tienen que pagar a sus **proveedores** en el extranjero, de **inversores** (fundación o adquisición de empresas en el extranjero, compra de acciones), de **ahorradores** en busca de **tipos de interés** más elevados o de **condiciones fiscales** más favorables, o de **especuladores** que se aprovechan de las **diferencias de precio** de una misma moneda en los diferentes mercados (operación llamada "**arbitraje**") o que cuentan con que la cotización de la moneda comprada vaya a subir en el futuro.

Si el banco central juzga que la evolución de los tipos de cambio es contraproducente para la **economía nacional**, puede verse obligado a **intervenir** en los mercados de divisas comprando o vendiendo su propia moneda u otras monedas que constituyen sus **reservas de divisas**. A veces estas **intervenciones** no son suficientes y es necesaria una declaración pública que fije el **valor oficial** de la moneda. Si el valor después de esta medida es inferior, se habla de "**devaluación**", si el valor es superior (lo que sucede raramente), de "**revaluación**".

No hay que confundir los términos "devaluación" y "revaluación" con los términos "**depreciación**" y "**apreciación**".

Estos últimos se refieren a los continuos movimientos **a la baja** o **al alza** que resultan del libre juego de la oferta y la demanda en el mercado

- Wechselkurs
- Währungen
- fest
- flexibel; frei schwanken
- Devisenmärkte
- Spiel von Angebot und Nachfrage
- Kurs
- Importeure
- Lieferanten
- Investoren
- Sparer; Zinssätze
- steuerliche Bedingungen
- Spekulanten
- Preisunterschiede
- Arbitrage
- Volkswirtschaft
- intervenieren
- Devisenreserven
- Interventionen
- amtlich festgesetzer Kurs
- Abwertung
- Aufwertung
- Verfall
- Anstieg
- nach unten/oben

de divisas, mientras que los primeros denotan intervenciones oficiales de las **autoridades monetarias**.

Währungsbehörden

En las operaciones de **exportación** e **importación** el **riesgo de cambio** nace de la existencia de un **plazo** más o menos dilatado entre **entrega** y **pago** (los **aplazamientos de pago** son un argumento de venta muy importante).

Export; Import
Wechselkursrisiko
Frist; Lieferung
Bezahlung; Zahlungsaufschübe

Si la **moneda de facturación** no es el euro y **se deprecia** entre entrega y pago, un exportador de la **eurozona** pierde la diferencia al **cambiar** la suma en euros. Tiene interés, por eso, en **cubrirse** del riesgo de cambio con uno de los muchos instrumentos de **cobertura** disponibles. El más utilizado es el llamado "**seguro de cambio**", es decir, la **compraventa de divisas a plazo**: nuestro exportador, que cobrará 100.000 dólares en 90 días, se dirige a su banco, que **cotiza** el dólar a 90 días a 1,10 euros por dólar, y firma un contrato que obliga al banco a entregarle 110.000 euros en 90 días y a él a entregar en la misma fecha al banco los 100.000 dólares.

Fakturawährung; an Wert verlieren
Eurozone; wechseln
sich absichern gegen
Absicherung
Devisenterminkontrakt
Devisentermingeschäft
notieren

Más flexible es el instrumento de la **opción sobre divisas**, que daría a nuestro exportador el derecho (pero no la obligación) de cambiar 100.000 dólares en 110.000 euros (u otra suma acordada) en 90 días contra el pago de una **prima** fijada por el banco. De esta manera tendría la opción de cambiar sus dólares más favorablemente si el dólar en 90 días **se cotizara** a más de 1,10 euros. [F.R.]

Devisenoption
Prämie
notieren

<u>depreciación</u> (n.f.)
sin.: desvalorización (n.f.);
con.: apreciación (n.f.); revalorización (n.f.);
fam.: depreciarse (v. *an Wert verlieren*);

<u>depreciarse</u>: la moneda se deprecia;

<u>devaluación</u> (n.f.)
sin.: –
con.: revaluación (n.f.);
fam.: devaluar (v. *abwerten*);

<u>devaluar</u>: devaluar una moneda.

LA INVERSIÓN DIRECTA

Una empresa tiene muchas posibilidades de internacionalizar sus actividades. La forma de internacionalización más profunda está constituida por la **inversión directa en el exterior** o **extranjera** (**IDE**). Se habla de inversión directa cuando un **inversor** residente en un determinado país **realiza una inversión** en una empresa situada en otro país para lograr una influencia efectiva y estable en su **gestión**. Este último aspecto distingue la inversión directa de una pura **inversión de cartera**, que consiste en la compra de **activos financieros** (acciones u obligaciones/bonos) emitidos por una empresa extranjera sin la intención de poseerlos necesariamente a largo plazo.
A efectos estadísticos el **FMI** recomienda que se clasifique como inversión directa una **participación** en el **capital social** superior al 10%. Ese importe de la inversión directa comprende también, además de la **aportación inicial** y eventuales ampliaciones sucesivas, la **reinversión** de los beneficios obtenidos en la **empresa participada**. Otra convención estadística importante es la distinción entre flujo y stock o acervo: el **flujo** mide la cuantía de inversiones realizadas durante un determinado periodo, normalmente un año, mientras que el **stock** o **acervo** representa la suma de todas las inversiones realizadas hasta un determinado momento. Los flujos de inversión, evidentemente, son mucho más variables de un año a otro que el stock.
Una inversión directa puede llevarse a cabo de diferentes maneras: la **fundación** de una nueva empresa, la **adquisición** de una empresa existente o parte de su **capital social**, o la **fusión** con una empresa extranjera. Si la nueva empresa en el extranjero es parte de la **casa matriz** desde el punto de vista jurídico, se habla de **sucursal** o **delegación**, si tiene independencia jurídica, de **filial** o **subsidiaria** (esta última palabra es más común en América Latina que en España).

Direktinvestition

ausländische Direktinvestition (ADI)
Investor
eine Investition tätigen
Führung
Portfolioinvestition
Finanzvermögenswerte
IWF
Beteiligung
Gesellschaftskapital
Stammeinlage
Reinvestition
Beteiligungsunternehmen
(Investitions-)Fluss
(Investitions-)Bestand
Gründung
Übernahme
Gesellschaftskapital; Fusion
Stammhaus
Filiale
Tochtergesellschaft

Una empresa que ha realizado una o más inversiones directas en el exterior se convierte en **multinacional** o, en la terminología de las Naciones Unidas y América Latina, **transnacional**. Actualmente, hay unas 50.000 empresas multinacionales, que controlan unas 500.000 filiales distribuidas por todo el planeta. La gran mayoría de estas filiales, sin embargo, se encuentran en los **países industrializados**. La inversión directa fuera de los países de la **OCDE** se concentra en unos pocos países de **renta media**; en América Latina, por ej., los mayores **países receptores** de inversión directa son Brasil, México, Argentina, Chile y Venezuela. En esta área, España se ha convertido en el mayor inversor, al lado de Estados Unidos, en la segunda mitad de los años 90 del siglo XX, sobre todo en los sectores bancario, telefónico y energético.

multinationales/transnationales Unternehmen

Industrieländer
OECD
mittleres Einkommen
Empfängerländer

Las razones por las cuales una empresa opta por una implantación en el extranjero pueden ser múltiples. Puede ir en busca de nuevos mercados, de recursos (materias primas, clima, mano de obra poco o altamente cualificada, situación geográfica, tecnología, infraestructuras, etc.) o simplemente de **eficiencia**, **deslocalizando** actividades productivas a países con **ventajas de localización** específicas, entre las cuales debemos contar también, además de las ya mencionadas, la **estabilidad macroeconómica**, la **paz social**, el bajo **nivel salarial**, una **legislación fiscal** o **laboral** favorable o **subvenciones otorgadas** por el país receptor.
El conjunto de esos factores constituye lo que se llama el **clima de inversión**. [F.R.]

Effizienz; verlagern

Standortvorteile

wirtschaftliche Stabilität
sozialer Friede; Lohnniveau; Steuer-, Arbeitsgesetzgebung; Subventionen gewähren
Investitionsklima

EL ANÁLISIS DE MERCADOS EXTERIORES

Analyse von Auslandsmärkten

El primer paso de un proceso de **internacionalización** consiste en la identificación de los **mercados exteriores** más prometedores para la empresa. Esta etapa de **preselección**, en general, puede llevarse a cabo sobre la base de información secundaria, disponible en buena parte en Internet, que proporcionan los organismos internacionales (**OCDE**, **Banco Mundial**, etc.), los **institutos de estadística**, los **institutos de comercio exterior** (en España el ICEX), las **cámaras de comercio**, las **asociaciones de exportadores**, los bancos, etc. Se trata, en esta fase, de recabar información general sobre el

- entorno político-económico (estabilidad política, **política monetaria**, etc.),
- el **marco legal** (seguridad legal, **régimen comercial**, etc.),
- la población,
- la lengua,
- el **PIB** y la **renta per cápita**,
- los **flujos de exportación** e **importación** de los productos en cuestión,
- la **infraestructura de transporte**, etc.

Sobre la base de estos datos, la empresa estará en condiciones de seleccionar aquellos mercados que presenten las mayores ventajas en cuanto a **potencial de mercado**, proximidad geográfica y cultural, nivel de **riesgo**, etc.

Después de esta preselección, se pasa al **análisis en profundidad** de los mercados considerados como más prometedores, siguiendo esencialmente las mismas pautas que en el mercado nacional. Según la disponibilidad de **recursos personales** y **financieros**, la empresa misma puede llevar a cabo esta fase, o puede **subcontratar a** una **consultora** especializada en **investigación de mercados**.

La parte central de este análisis es el estudio de la **demanda** y la **oferta** en el o los mercados en cuestión y del producto que la empresa quiere exportar. Interesa no sólo conocer la demanda total del producto, sino también la demanda por **segmentos de mercado** definidos con criterios

Internationalisierung
Auslandsmärkte
Vorauswahl
OECD; Weltbank
Statistikinstitute
Außenhandelsinstitute
Handelskammern; Exportvereinigungen
Währungspolitik
rechtlicher Rahmen; Handelsregime
BIP; Pro-Kopf-Einkommen; Export-, Importströme
Transportinfrastruktur
Marktpotenzial
Risiko
Tiefenanalyse
personelle, finanzielle Ressourcen
vergeben an; Beratungsfirma; Marktforschung
Nachfrage; Angebot
Marktsegmente

geográficos, sociales, de edad, etc. Otros factores de interés son las **motivaciones de compra**, los **hábitos de consumo** y las preferencias en materia de calidad o precio. Se analizará igualmente la **imagen** en el **mercado de destino** de los productos del **país de origen**, y cómo influye en la **decisión de compra** de los **consumidores**.

Kaufmotive
Konsumgewohnheiten

Image; Zielmarkt
Ursprungsland
Kaufentscheidung
Konsumenten

Por el lado de la oferta habrá que estudiar a los **fabricantes locales** y los productos importados ya presentes en el mercado, sus **cuotas de mercado** y su **posicionamiento**, es decir, el lugar que ocupan en relación a otros **productos competitivos** según la percepción de los consumidores.

heimische Produzenten
Marktanteile
Positionierung
Konkurrenzprodukte

Muy importante también es conocer el **sistema de distribución** del país y las distintas categorías de **intermediarios**, con sus exigencias en materia de **exclusividad** y **márgenes comerciales**. Si las instituciones del Estado se incluyen entre los **clientes potenciales**, habrá que estudiar además el sistema de compra por parte de la **Administración**. Respecto a la distribución, interesan también los sistemas de **promoción** usuales en el mercado, como **catálogos**, **publicidad** o participación en **ferias**. Pero tampoco hay que descuidar la información sobre material y tamaño del **envase**, el **embalaje** y la **presentación** a la hora de vender el producto.

Vertriebssystem

Zwischenhändler
Alleinvertriebsrecht; Handelsspannen
potentielle Kunden

öffentliche Verwaltung
Promotion
Kataloge
Werbung; Messen

Grund-, Außenverpackung; Aufmachung

Finalmente interesa todo lo relacionado con costes y precios: el coste del transporte, **almacenamiento** y **distribución**, los márgenes comerciales y los precios de la **competencia**. [F.R.]

Lagerung
Vertrieb
Konkurrenz

LAS FORMAS DE ENTRADA EN MERCADOS EXTERIORES

Markteintrittsformen

Una vez seleccionado el **mercado objetivo**, a la empresa que quiere **internacionalizarse** se le ofrece toda una serie de formas de entrada. Según el grado de **compromiso** de la empresa, se pueden distinguir varias opciones.

En el caso de la **exportación indirecta**, el **exportador** encomienda la exportación del producto a una **compañía de *trading*** o a un **importador**, que compran el producto para luego **revender**lo por su propia cuenta. Desde el punto de vista de la empresa se trata de una simple venta en el **mercado nacional**.

En la **exportación directa**, por el contrario, la **empresa exportadora** se implica directamente en la **gestión** de las ventas en el **mercado de destino**. Esta segunda forma, claramente, necesita más **recursos**, pero permite a la empresa adquirir un mejor conocimiento del mercado en el que actúa. En el caso de la venta de **bienes industriales** o **plantas llave en mano**, es bastante común la **venta directa**, en la cual la empresa vende directamente a sus **clientes finales** en **mercados extranjeros** a través de sus propios **representantes de venta** que se desplazan a los **mercados de exportación**.

En el sector de los **bienes de consumo**, la forma más utilizada por empresas que se introducen por primera vez en un mercado extranjero es el **agente**, que transmite los **pedidos** de los clientes extranjeros a la empresa exportadora, cobrando una **comisión** sobre el **volumen de ventas** (en eso se diferencia del representante, que es un empleado de la empresa). Si el **potencial de mercado** y la **situación financiera** de la empresa lo justifican, esta podrá pensar en establecer una **filial de ventas**, convirtiéndose así en empresa multinacional.

En una tercera forma de entrada la empresa colabora con otras empresas en la tarea exportadora. En el caso del llamado ***piggyback*** la empresa utiliza los **canales de distribución** de otra empresa ya introducida en el mercado exterior.

Zielmarkt
sich internationalisieren
Engagement
indirekter Export; Exporteur
Handelshaus; Importeur
weiterverkaufen
Heimatmarkt
direkter Export
Exportfirma
Durchführung; Zielmarkt
Ressourcen
Industriegüter
schlüsselfertige Anlagen
Direktverkauf
Endkunden
Auslandsmärkte
Verkaufsvertreter
Exportmärkte
Konsumgüter
Handelsagent; Aufträge
Provision; Umsatz
Marktpotential
Finanzlage
Vertriebsunternehmen
Piggyback
Vertriebskanäle

Cuando más empresas de un determinado **mercado de origen** crean una nueva organización para llevar a cabo una exportación común, se habla de **consorcio de exportación**.
Una forma de concertación que ha cobrado gran importancia en los últimos tiempos es la **joint-venture** o **empresa mixta** internacional, donde una empresa crea una sociedad común con un socio local, cuyo **conocimiento del mercado** quiere aprovechar.
Otra fórmula que ha conocido un gran auge en los últimos tiempos es la **franquicia** internacional, que consiste en la **cesión** del producto y del ***know-how*** sobre su **comercialización** por parte del llamado **franquiciador** a una empresa situada en un mercado exterior, llamada **franquiciado**. Este último, a cambio de la cesión del negocio, se compromete a financiar el **punto de venta** y a pagar un porcentaje (normalmente entre el 1 y el 4%) sobre el volumen de ventas.
Finalmente, la empresa puede decidir fabricar el producto directamente en el mercado de destino, sea en una **planta de producción** de su propiedad, sea a través de una **licencia de fabricación**, en la cual el **licenciatario** recibe la autorización de fabricar un determinado producto a cambio del pago al **licenciador** de una **compensación** económica llamada ***royalties***. [F.R.]

Ursprungsmarkt
Exportkonsortium
Joint Venture
Marktkenntnis
Franchising
Überlassung
Know-how; Vermarktung
Franchisegeber
Franchisenehmer
Verkaufsstätte
Produktionsstätte
Herstellungslizenz
Lizenznehmer
Lizenzgeber
Vergütung; Royalties

EL MARKETING

Marketing

"Marketing" es un término inglés que hoy en día se usa comúnmente también en español – pronunciado ['marketin] –, como en muchas otras lenguas del mundo. Intentos puristas de traducirlo con "**comercialización**", "**mercadotecnia**" (el término más común en México), "**mercadeo**" o "**mercadología**" hasta ahora no han tenido mucho éxito.

El marketing suele definirse como conjunto de estudios y métodos utilizados en el desarrollo, en la valoración, distribución y promoción de los bienes, servicios o ideas para estimular o satisfacer su **demanda**.

Nachfrage

La finalidad central del marketing está constituida por la **satisfacción** de las **necesidades** de una de las partes de una **relación de intercambio**. Cuando el intercambio es de tipo económico, se habla de **clientes**. Pero el marketing no es utilizado sólo en las relaciones de intercambio de tipo económico, sino también por **organizaciones sin afán de lucro** como las **organizaciones no gubernamentales** (**ONG**s), los partidos políticos, etc. Por esta razón, en la definición se han incluido como objeto del intercambio ideas, además de los **bienes** y **servicios**. El intercambio, sin embargo, tiene que ser **beneficioso** para ambas partes: en el caso de una empresa eso significa que tiene que ser **rentable**.

Befriedigung; Bedürfnisse; Austauschbeziehung
Kunden
Non-Profit-Organisationen; Nicht-Regierungsorganisationen; NGOs
Güter; Dienstleistungen
vorteilhaft
gewinnbringend

El marketing a veces se identifica erróneamente con la **publicidad** y la **venta**. Estas dos actividades son partes importantes del marketing que, sin embargo, en su afán de **satisfacer** las necesidades y los **deseos** de los clientes empieza ya en la fase de **investigación de mercados**, donde se trata de identificar las necesidades de los clientes para luego tenerlas en cuenta durante el **desarrollo del producto**. Esta fase se realiza mediante **entrevistas** y **encuestas**. Esta **orientación al cliente** y **al mercado** típicas del marketing – aunque la sabiduría tradicional decía ya que "el cliente es el rey" – se manifiesta incluso después de la venta en el **servicio postventa** y demás actividades de **fidelización**

Werbung; Verkauf
befriedigen
Wünsche
Marktforschung
Produktentwicklung
Interview; Umfrage
Kunden-, Marktorientierung
Kundendienst
Kundenbindung

de los clientes. Más y más el marketing trata también de integrar en sus actividades las necesidades de la sociedad en general, por ej. en la cuestión cada vez más sensible del **reciclaje** de **envases** y **embalajes**.
Según una concepción muy difundida, el marketing se vale esencialmente de cuatro instrumentos, las "**4 P**", llamadas así porque las palabras inglesas análogas empiezan todas por esta letra: el **desarrollo y el diseño del producto**, la fijación del **precio**, la **distribución** (en inglés: *place*) y la **promoción**. La particular combinación de estos cuatro instrumentos en un determinado caso se llama **marketing-mix**.
Valiéndose de sus conocimientos sobre las necesidades de los clientes potenciales, sobre la **competencia** y el mercado en general, sobre sus propios puntos fuertes y débiles, en especial sus **ventajas competitivas**, la empresa elabora un **concepto de marketing** que se concretiza en el **plan de marketing**. Este documento contiene, además de los **objetivos** y **estrategias** de marketing, el **presupuesto** de **ingresos**, **gastos** y **beneficios** esperados.
Cuando el marketing se aplica a **mercados exteriores**, se habla de **marketing internacional**. Éste se basa en los mismos principios que el marketing nacional, sólo que hay que tomar en consideración las importantes diferencias económicas, culturales y legales que siguen existiendo en el mundo. [F.R.]

Recycling
Grund-, Außenverpackung

4 Ps

Produktentwicklung und -design; Preis; Absatz
Absatzförderung

Marketing-Mix

Konkurrenz

Wettbewerbsvorteile
Marketingkonzept
Marketingplan
Ziele; Strategien
Voranschlag; Einnahmen; Ausgaben; Gewinne; Auslandsmärkte
internationales Marketing

<u>marketing</u> (n.m.)

sin.: mercadeo (n.m.); mercadotecnia (n.f.; sobre todo en México); comercialización (n.f.);

con.: marketing empresarial: directo; estratégico; de productos; de servicios; financiero; industrial; multinacional/internacional; marketing no empresarial: de instituciones no lucrativas (*nicht auf Erwerb gerichtete Institutionen*); social; político;
el departamento de marketing; la agencia de marketing; el presupuesto de marketing (*Budget*); el plan de marketing; las estrategias de marketing; la campaña de marketing; el telemarketing; el marketing mix.

EL PRODUCTO

Produkt

En la terminología del **marketing**, "producto" tiene un significado más amplio que en la lengua corriente. Mientras que en esta última el término se refiere sólo a objetos materiales, en el marketing se aplica igualmente a **servicios** o ideas, siempre que estos posean un **valor** para un **consumidor** o **usuario**. Además, muchas veces se incluyen en la noción de "producto" aspectos relacionados como las condiciones de **financiación**, la **garantía** o el **servicio postventa**, convirtiéndose así el término casi en sinónimo de "**oferta**".

Marketing
Dienstleistungen
Wert
Konsument; Benutzer
Finanzierung; Garantie; Kundendienst
Angebot

Podemos distinguir tres tipos de atributos en un producto:

1. Los atributos propios comprenden las características físicas, químicas o técnicas así como el **diseño** y la **calidad**.

Design; Qualität

En todos estos aspectos, la empresa no tendrá sólo que satisfacer los deseos de los clientes potenciales sino también cumplir con la **normativa** del mercado en que opera. Esto se consigue a través de la **homologación** del producto, es decir, la obtención del reconocimiento oficial de su conformidad con la normativa nacional.

Vorschriften
Homologisierung

Como la valoración de la calidad de muchos productos es sumamente difícil para quien no sea un experto, se han creado muchos organismos de **certificación** especializados en la valoración del **nivel de calidad** de ciertos productos.

Zertifizierung
Qualitätsniveau

Muchas empresas encargan a estos organismos la certificación de sus productos o **procesos productivos** no sólo porque sea un **requisito legal** sino para conseguir una **ventaja competitiva** en el marketing.

Produktionsprozesse
gesetzliches Erfordernis
Wettbewerbsvorteil

2. Los atributos externos comprenden el **envase**, el **embalaje** y el **etiquetado**.

Grundverpackung
(Außen-)Verpackung; Etikettierung

La función primaria del envase es la de contener y proteger el producto, pero cada vez más sirve también de instrumento de **diferenciación** y **promoción**.

Differenzierung
Absatzförderung

El embalaje protege el producto durante el proceso de **distribución** y **almacenaje**.

Vertrieb; Lagerung

Las **etiquetas** tienen una doble función informativa y promocional. Hay que tener en cuenta

Etiketten

que cada país tiene sus requisitos particulares sobre el etiquetado de productos.

3. Por último, tenemos que mencionar los atributos intangibles, como la **marca** y el "*made in*", la **garantía** y los servicios relacionados con el producto.

Marke
Garantie

La marca sirve para facilitar al consumidor la identificación del producto y para **diferenciar**lo de los productos de la **competencia**. Puede llegar a tener un gran **valor de mercado**, especialmente en los **productos de consumo**. Para impedir que los **competidores** copien una marca, hay que **registrarla**, pero aun así la **piratería de marcas**, es decir, la imitación ilegal, se ha convertido en un negocio a escala mundial. Como la introducción de una nueva marca o de una marca reconocida en un nuevo mercado **conlleva** altos **costes** de publicidad y promoción, algunos **fabricantes** prefieren vender sus productos bajo una **marca blanca** o **del distribuidor**.

differenzieren
Konkurrenz
Marktwert
Konsumprodukte
Konkurrenten
registrieren; Markenpiraterie
Kosten verursachen
Produzenten
Handelsmarke

Otro concepto importante en nuestro contexto es el del **ciclo de vida del producto**. Éste comprende cuatro etapas: la **introducción**, el **crecimiento**, la **madurez** y el **declive**. Normalmente, las **ventas** y los **beneficios** crecen en las primeras fases para luego disminuir. Cuando ya no sea rentable, el producto **se retirará del mercado**. Es éste, sin embargo, un modelo algo simplista de la "vida" de un producto: en realidad, un gran número de factores puede conducir a evoluciones bien diferentes. [F.R.]

Produktlebenszyklus
Einführung
Wachstum; Reife; Abschwung; Absatz; Gewinn
wird vom Markt genommen

EL PRECIO

Preis

El precio es el **importe monetario** pagado por un **bien** o un **servicio**.
Según el tipo de bien o servicio, suele expresarse con una gran diversidad de denominaciones:

Geldbetrag
Gut; Dienstleistung

Precio	Bienes y muchos servicios	
Alquiler	Uso de propiedad ajena	Miete
Interés	Préstamos de dinero	Zins
Prima	Seguros, opciones, etc.	Prämie
Comisión	Agentes, bancos	Provision
Matrícula	Enseñanza	Gebühr
Tarifa	Energía, agua, gas, etc.	Gebühr
Tasa	Servicios públicos	Gebühr
Peaje	Autopistas, etc.	Maut
Remuneración	Servicio, trabajo, capital	Bezahlung
Honorario	Profesiones liberales	Honorar
Jornal	Trabajo de un día (jornada)	Tagelohn
Salario	Trabajo manual	Lohn
Sueldo	Trabajo administrativo, etc.	Gehalt
Incentivo	Esfuerzo excepcional	Anreiz
Propina	Calidad del servicio	Trinkgeld
Soborno	Actos de corrupción	Schmiergeld

Los **economistas** se han interesado mucho por la llamada **elasticidad-precio** de la **demanda**, es decir, la variación que sufre la demanda en función de la variación del precio. Hay

Ökonomen
Preiselastizität; Nachfrage

- productos con una demanda **rígida** o **inelástica**, como la gasolina, donde una variación del precio afecta muy poco al volumen de la demanda;

Starr; unelastisch

- productos con una demanda **elástica**, donde la demanda baja si el precio sube y viceversa,

elastisch

y también se observa a veces el fenómeno sorprendente de un efecto positivo sobre la demanda de un **aumento de precio**, sobre todo con **productos de lujo**, pero también, por ej., en el **mercado inmobiliario**, donde los **especuladores** compran en una **fase alcista** con la intención de **revender** luego más caro.

Preiserhöhung
Luxusprodukte
Immobilienmarkt; Spekulanten; Hausse
weiterverkaufen

Este comportamiento muy diferenciado de los productos ante una **variación de precios** no es el único factor que los expertos de marketing

Preisveränderung

tienen que tomar en consideración a la hora de **fijar el precio**.

El precio influye mucho en la **imagen** del producto: si se quiere **posicionar**lo como **producto de calidad**, el precio tendrá que ser alto, en un **producto de masas**, el precio será bajo. De todos modos, el precio debe estar de acuerdo con el **valor** percibido por el **consumidor**. Cuando la calidad del producto es difícil de evaluar para el consumidor, el precio puede convertirse en el único indicador de la calidad del producto y determinar la **decisión de compra**. Otro factor importante a tener en cuenta son los precios practicados por la competencia: un precio demasiado bajo puede desatar una **guerra de precios** entre los diferentes **oferentes**, de la cual, a lo mejor, al final no se beneficia ninguno de ellos.

La **fijación de precios** en un **mercado extranjero** comporta varias complicaciones en comparación con el **mercado nacional**. Al **precio de venta en fábrica** habrá que añadir en este caso los **gastos de transporte**, **seguro** y **aduana** para llegar finalmente al **precio de venta en destino**.

Para calcular el **precio de compra** del **distribuidor**, partimos del **precio de venta al público** quitando el **margen** del **punto de venta**, los impuestos, el **margen de distribución** y eventuales **aranceles de importación**.

Para que la exportación resulte **rentable** a la empresa, el **saldo** entre precio de venta en destino y precio de compra del distribuidor tiene que ser positivo. [F.R.]

den Preis festsetzen
Image
positionieren; Qualitätsprodukt
Massenprodukt
Wert; Konsument
Kaufentscheidung
Preiskrieg; Anbieter
Preisfestsetzung; Auslandsmarkt
Heimatmarkt
Fabriksabgabepreis
Transport-, Vers.-, Zollkosten; Verkaufspreis im Zielland
Kaufpreis; Großhändler
Verbraucherpreis
Handelsspanne; Verkaufsstätte; Großhandelsspanne; Einfuhrzölle
gewinnbringend
Saldo

LA DISTRIBUCIÓN

Vertrieb

La razón de ser de la distribución es la de hacer llegar el producto del **fabricante** o **productor** al **consumidor final** o al **cliente industrial** en la cantidad **demandada** y en el momento y lugar adecuados. Esta tarea es particularmente compleja en el caso de los **productos de consumo**, mientras que los **servicios** y los **bienes industriales** se **comercializan** normalmente a través de la **venta directa**.

Produzent
Endverbraucher; Industriekunde; nachgefragt
Konsumprodukte
Dienstleistungen; Industriegüter; vermarkten
Direktverkauf

Según el número de **intermediarios** que intervengan en los **canales de distribución**, estos se clasifican en largos y cortos. En el canal corto, entre el fabricante y el consumidor final interviene sólo el **minorista** (también llamado **detallista**). En el canal largo está presente además un **mayorista** entre fabricante y minorista. La actividad llevada a cabo por el mayorista se llama **venta al por mayor**, la del minorista **venta al por menor** (o **venta al detalle**).

Zwischenhändler
Vertriebskanäle
Einzelhändler
Großhändler
Großhandel
Einzelhandel

El intermediario se considera a veces como elemento parasitario que sólo **encarece** el **precio final**, pero en realidad cumple normalmente funciones útiles como adecuar la **oferta** y la **demanda**, crear un **surtido** adecuado, organizar el transporte del producto, **prestar servicios** relacionados con el producto, **conceder créditos** a los minoristas o a los consumidores finales, etc.

verteuern; Endpreis
Angebot; Nachfrage
Sortiment
Dienstleistungen anbieten; Kredit gewähren

El **sector económico** que se encarga de realizar la función de distribución es el **comercio**, que en los países desarrollados contribuye entre el 10 y el 15% al **PIB** y al **empleo** total. Es un sector en el que ha habido grandes cambios en los últimos tiempos y en muchos países sigue en plena evolución. Lo más llamativo es un fuerte proceso de **concentración empresarial**: cualquiera puede observar en su entorno la desaparición progresiva de las pequeñas **tiendas** y su sustitución por **puntos de venta** más grandes y modernos pertenecientes muchas veces a grandes **cadenas** internacionales. Aun así, subsisten grandes diferencias: por ej., el grado de concentración es mucho mayor en el norte de Europa que en los países mediterráneos, donde el número de tiendas sigue siendo

Wirtschaftssektor
Handel
BIP; Beschäftigung
Unternehmenskonzentration
Geschäfte
Verkaufsstätten
Handelsketten

muy elevado. Otra tendencia común es la creación de **centrales de compra** cada vez más grandes con el fin de aumentar el **poder de negociación** y lograr precios más bajos. Esta evolución, provechosa para los consumidores, supone sin embargo un peligro para muchos **proveedores**, sobre todo si son **pequeñas y medianas empresas (pymes)**.
En cuanto a los puntos de venta, la moderna distribución está dominada por los **supermercados** e **hipermercados** (autoservicios de enormes dimensiones), los **centros comerciales**, las **franquicias** y las **tiendas de descuento**. Esta última fórmula, nacida en Alemania, se especializa en ofrecer un surtido de productos relativamente limitado con poco servicio en el punto de venta pero a precios inferiores de los que se cobran en los supermercados. Las franquicias (como Benetton, Telepizza, etc.) permiten a los dueños de las tiendas explotar un determinado **saber hacer** comercial, aprovechándose de la **imagen** positiva de una **marca** o empresa de reconocido prestigio a cambio del **pago** de unos **royalties** del orden del 1 al 3% sobre el **volumen de ventas**. Los centros comerciales permiten al consumidor combinar la compra con **actividades de ocio**, proponiendo al mismo tiempo **áreas de esparcimiento** de tipo gastronómico, cultural o deportivo. Gracias a la **liberalización** de los **horarios de apertura**, en varios países estos centros suelen estar abiertos incluso por la noche. [F.R.]

Einkaufszentralen
Verhandlungsmacht

Lieferanten; Klein- und Mittelbetriebe (KMUs)

Supermärkte
Hypermärkte
Einkaufszentren; Franchise-Ketten; Diskonter

Know-How
Image
Marke
Bezahlung; Royalties
Umsatz

Freizeitaktivitäten
Vergnügungszonen

Liberalisierung; Ladenöffnungszeiten

distribución (n.f.)

fam.: distribuir (v., *verteilen*); distribuidor (n.m., *Verteiler*); distribuidora (n.f., *Vertriebsagentur*); distribuible (adj.); distribuido (adj.); redistribución (n.f., *Umverteilung*);

con.: distribución de mercancías (*Warenvertrieb*); de la renta (*Einkommensverteilung*); el centro de d. (*Verteilerstelle*); los canales = medios de d. (*Vertriebswege*); el derecho de d. exclusiva (*alleiniges Vertriebsrecht*); los gastos de d. (*Vertriebskosten*); la red de d. (*Verteilernetz*); la zona de d. (*Vertriebsgebiet*);
distribuidor: exclusivo = único (*Alleinvertriebshändler*); oficial (*Vertragshändler*).

LA LOGÍSTICA

El término “logística” proviene del mundo militar, donde se refiere a la organización de **transporte**, **suministro** y **alojamiento** de las tropas. En el lenguaje de la **administración de empresas** el término hace referencia a la organización de los **flujos de materiales**, **productos** e **información** del **proveedor** a la empresa, dentro de la empresa y de la empresa al **consumidor** o **usuario**. Para la **logística comercial**, es decir, la que organiza el movimiento de los productos de la empresa al consumidor, se utiliza también el término “**distribución física**”.
La logística suele confundirse a veces con el transporte, pero es mucho más. Cuenta entre sus tareas, además del transporte y **manejo** de productos, el **procesamiento de los pedidos** u **órdenes de compra**, el **embalaje** de los productos y su **almacenamiento**, el **control del inventario** y el **servicio** al cliente.
El experto en logística trata de organizar la distribución **minimizando** el **coste total** y teniendo en cuenta las complejas interacciones entre las distintas actividades. Reduciendo al mínimo el **stock**, por ej., se puede minimizar el **coste** del almacenamiento, pero si esto conduce en cierto momento a la falta de disponibilidad del producto, la empresa puede perder una **oportunidad de negocio**. Esta venta potencial no realizada por la falta de **existencias** también constituye un coste para la empresa, el llamado **coste de oportunidad**. Por lo tanto, se debe buscar un equilibrio entre los costes directos y los de oportunidad. Como los **costes logísticos** constituyen alrededor de un 10% del coste total de un producto y el respeto de los **plazos de entrega** es cada vez más importante, una logística **eficaz** puede convertirse en **ventaja competitiva** para la empresa.
La logística, por razones obvias, se complica notablemente en el **comercio exterior**. Por eso muchas veces la empresa prefiere **subcontratar** el transporte internacional a un **transitario**.
En primer lugar, se trata de seleccionar el **medio de transporte** adecuado.

Logistik
Transport
Versorgung; Unterbringung; Betriebswirtschaftslehre
Material-, Produkt-, Informationsflüsse; Lieferant
Konsument
Benutzer; Handelslogistik
physische Distribution
Handhabung
Auftragsbearbeitung
Verpackung
Lagerung; Bestandskontrolle; Service
minimieren; Gesamtkosten
Lagerbestand; Kosten
Geschäftsgelegenheit
Lagerbestände
Opportunitätskosten
Logistikkosten
Lieferfristen
Effizient; Wettbewerbsvorteil
Außenhandel
beauftragen mit
Spediteur
Transportmittel

Existen cinco tipos de transporte:

- el **transporte marítimo**,
- el **transporte fluvial**,
- el **transporte aéreo**,
- el **transporte ferroviario** y
- el **transporte por carretera**.

La selección del medio de transporte depende del tipo de producto, su **peso** y sus **dimensiones**, del **punto de origen** y **destino** y del **plazo de entrega**.

Aunque es bastante lento, el medio de transporte más utilizado en el **comercio internacional** es el **barco** (o buque) debido al coste relativamente bajo de los **fletes**.

El transporte aéreo, al contrario, resulta bastante caro y por eso se reserva a productos de gran **valor** en relación a su peso o, gracias a su rapidez, a **productos perecederos** como las flores. El medio de transporte más utilizado en Europa es el **camión**, que permite transportar **de puerta a puerta** cualquier tipo de producto con rapidez y a precios muy **competitivos**.

El **ferrocarril** no tiene la flexibilidad del camión; es adecuado sobre todo para el envío de **vagones** completos o **contenedores** a largas distancias.

Para facilitar la logística en el comercio internacional y reducir el **riesgo** de complicaciones legales, la **Cámara de Comercio Internacional** ha elaborado 13 **cláusulas**, llamadas **Incoterms**, que sirven para definir con precisión el reparto de **gastos** entre **exportador** e **importador**, el lugar donde se **entrega** la **mercancía**, los documentos que el exportador debe proporcionar al importador y la transferencia de riesgos entre exportador e importador en el transporte de la mercancía. [F.R.]

Seetransport
Flusstransport
Lufttransport
Bahntransport
Straßentransport

Gewicht; Abmessungen
Ursprungs-, Zielort; Lieferfrist

internationaler Handel
Schiff
Frachtgebühren

Wert
verderbliche Produkte

Lastwagen
von Tür zu Tür
konkurrenzfähig
Eisenbahn
Wagons
Container

Risiko
Internationale Handelskammer; Klauseln; Incoterms
Ausgaben; Exporteur; Importeur; übergeben; Ware

LA PROMOCIÓN

Absatzförderung

Junto al producto, al precio y a la distribución, la promoción constituye el cuarto **instrumento de marketing**. Su función consiste en persuadir al **público objetivo** de comprar los productos de una empresa. En la fase de **lanzamiento** de un producto, se trata de comunicar su existencia y dar a conocer las **necesidades** que **satisface**, mientras que en el caso de un producto ya introducido en el mercado puede tratarse más de reforzar la **lealtad de marca** de los **clientes** actuales.

Marketinginstrument
Zielpublikum
Einführung
Bedürfnisse; befriedigen
Markentreue; Kunden

Tradicionalmente se distinguen cuatro tipos de promoción:

- la **venta personal**,
- la **publicidad**,
- las **relaciones públicas** y
- la **promoción de ventas**.

persönlicher Verkauf
Werbung
Öffentlichkeitsarbeit
Verkaufsförderung

En la venta personal, un **vendedor** trata de convencer a un **comprador** potencial, bien sea cara a cara o a través del teléfono, de los beneficios que conlleva la **compra** de un determinado producto. Es una forma de venta muy común en mercados con pocos clientes como los de **productos industriales**.

Verkäufer
Käufer
Kauf
Industrieprodukte

Por publicidad se entiende la transmisión de información comercial a través de **spots** o **anuncios** o en los medios de comunicación de masas (televisión, internet, radio, prensa, etc.) o a través de otros medios como los **carteles** colocados en **vallas publicitarias**.

Spots
Inserate
Plakate
Plakatflächen

Si la publicidad se centra en un producto, se habla de **publicidad de producto**, si trata de **promocionar** más la **imagen** de una empresa o institución, de **publicidad institucional**. La finalidad de la publicidad consiste en estimular la **demanda** modificando las opiniones, deseos y comportamientos del **consumidor** potencial. Como se trata de una actividad bastante compleja, se subcontrata casi siempre a una **agencia de publicidad** especializada.

Produktwerbung
promoten; Image
institutionelle Werbung
Nachfrage
Konsument
Werbeagentur

Contrariamente a la publicidad clásica practicada a través de los medios de comunicación de masas, que se dirige a un público vasto y anónimo, el **marketing directo** trata de dirigir la publicidad a **segmentos de mercado** específi-

Direktmarketing
Marktsegmente

cos definidos con la ayuda de grandes **bases de datos**. Puede hacerse por correo (mailing), teléfono (telemarketing) o internet.

Datenbanken

Mientras que en el caso de la publicidad la empresa paga y controla el mensaje, a través de las relaciones públicas se limita a influir en los medios de comunicación para que difundan información favorable. La aparición de las **redes sociales** como Facebook o Twitter ha revolucionado las relaciones públicas empresariales y hasta ha creado una nueva profesión – el "community manager". Otra estrategia para crear una imagen favorable de la empresa la constituye la llamada **identidad corporativa,** es decir, el **diseño** uniforme de **marcas**, **logotipos**, **impresos**, **envases**, etc., que así contribuyen a identificar la empresa y a diferenciarla de las **competidoras**. Un tercer instrumento de relaciones públicas, cuya importancia ha aumentado mucho en los últimos tiempos, es el **patrocinio**, es decir, la financiación de instituciones, actividades o acontecimientos capaces de mejorar la imagen del **patrocinador** y de incitar al público objetivo a comprar sus productos.

Soziale Netzwerke

Corporate Identity
Design; Marken; Logos; Formulare; Verpackungen
Konkurrenzfirmen

Sponsoring

Sponsor

El cuarto tipo de promoción, la promoción de ventas, utiliza **incentivos** materiales o económicos para aumentar las ventas a corto plazo. Cuando se dirige al consumidor, los incentivos más utilizados son **rebajas** o **descuentos en los precios**, cantidades adicionales por el mismo precio, **muestras** gratuitas, regalos, premios, etc. [F.R.]

Anreize

Preisnachlässe

Produktproben

EL COMERCIO ELECTRÓNICO

E-Commerce

Al contrario de la venta normal, en la cual el **vendedor** y el **comprador** se encuentran cara a cara en presencia del producto, en la **venta por correspondencia** la transacción se efectúa por medio postal, teléfono, correo electrónico o Internet. Esta forma de venta recientemente ha conocido un nuevo auge gracias al enorme desarrollo de las **tecnologías de la información**, sobre todo la creación, en 1990, de la ***World Wide Web*** (www) para la transmisión de textos e imágenes a través de Internet o la **red**, como se dice más comúnmente en español.
La red ha dado un impulso enorme al comercio electrónico, aunque las optimistas previsiones de los años 90 del siglo XX no se han cumplido. El estallido de la **burbuja especulativa** en las bolsas en el año 2000 dio al traste con muchos ambiciosos y fantasiosos **planes de negocio**. Las "**puntocom"**– así se bautizaron las empresas que operaban en Internet por acabar su dirección de Internet con el dominio ".com" – que han sobrevivido se concentran sobre todo en algunos productos como los de informática, viajes, **servicios financieros**, libros, discos, etc.
Se suelen distinguir dos variedades de comercio electrónico, el comercio con el consumidor (en inglés, *Business to Consumer* o *B2C*) y el comercio entre empresas (*Business to Business* o *B2B*).
Cuando un consumidor quiere **realizar compras** a través del ordenador tiene que visitar una **tienda virtual**, seleccionar los productos o servicios que desee comprar y añadirlos a su **carro de la compra**. El proceso de **pedido** se activa pulsando el botón de compra. El pago se efectúa normalmente tecleando el número de la **tarjeta de crédito**, aunque cada vez más se está generalizando el uso de **tarjetas de débito** y de **monederos electrónicos**. El importe se **carga** automáticamente **a** la **cuenta** del consumidor. Detrás de una tienda virtual siempre hay un banco que da validez a las **órdenes de pago**.

Verkäufer
Käufer
Versandhandel
Informationstechnologien
World Wide Web
„Netz"
Spekulationsblase
Geschäftspläne
Dotcom
Finanzdienstleistungen
Einkäufe tätigen
virtuelles Geschäft
Einkaufswagen
Bestellung
Kreditkarte
EC-Karten (Ö: Bankomatkarten); elektronische Geldbörsen; vom Konto abbuchen
Zahlungsaufträge

El producto mismo llega al consumidor directamente a través de la red en el caso de algunos productos de informática o servicios, los productos materiales se envían **por correo** o a través de un servicio de **mensajería**. Uno de los mayores retos del comercio electrónico consiste precisamente en organizar la **logística** para poder ofrecer un servicio de **entrega** rápido y fiable. Otro reto es solucionar la seguridad de las transmisiones de datos, que crea mucha desconfianza en los **usuarios** potenciales.
Pero donde el comercio electrónico ha tenido mayor difusión es en el comercio entre empresas cuyas compras se efectúan en muchos casos a través del intercambio electrónico de datos conocido como sistema EDI (*Electronic Data Exchange*), que permite el intercambio electrónico de **facturas** y **albaranes** entre la empresa vendedora y la compradora a través de un **centro de compensación**. Algunas grandes empresas utilizan también Internet para organizar **concursos de adjudicación** a nivel mundial y reducir así sus **costes de compra**. Incluso las empresas más pequeñas tienen su **página web** donde presentan la empresa y sus productos y proporcionan una dirección electrónica para poder entrar en contacto con ella. [F.R.]

per Post
Kurierdienst
Logistik
Auslieferung
Benutzer
Rechnungen; Lieferscheine
Clearingstelle
Ausschreibungen
Einkaufskosten
Homepage

<u>comercio</u> (n.m.)

fam.: comerciar (v.); comerciante (n.m.); comercial (adj.); comerciable (adj., *verkäuflich*); comerciabilidad (n.f., *Marktfähigkeit*); comercializar (v., *vermarkten*); comercialización (n.f.);

con.: fomentar = facilitar = estimular/dificultar = penalizar el comercio;
comercio ambulante (*Straßenhandel*); comercio mayorista = al por mayor (*Großhandel*)/al por menor = minorista = al detalle = detallista (*Einzelhandel*); de trueque (*Tauschhandel*); comercio exterior/interior; comercio internacional;
la zona de libre c. (*Freihandelszone*); la cámara de c. (*Handelskammer*); el margen del c. (*Handelsspanne*);
<u>comercial</u>: el agregado c. (*Handelsattaché*); la delegación c.; las relaciones c.; la balanza c. (*Handelsbilanz*); las barreras c. (*Handelsschranken*); el horario c. (*Geschäftszeit*); el año c. (*Geschäftsjahr*); la licencia c. (*Handelskonzession*).

LOS MEDIOS DE PAGO I: EFECTIVO, TARJETAS, CHEQUES

La **transacción comercial** consiste normalmente en un **intercambio** de bienes o servicios por dinero. A continuación enumeramos los medios de pago más usuales en el comercio nacional.

Las **compras** diarias se pagan normalmente **en efectivo** (también se dice: **en metálico**), es decir, con **billetes** y **monedas**. Si el vendedor le concede un **plazo** al cliente, el **pago** se efectúa en general por **transferencia bancaria**.

Se ha extendido mucho, en los últimos tiempos, el uso de **tarjetas de crédito** y **de débito**, el llamado "**dinero de plástico**".

La diferencia entre ambas consiste en que una tarjeta de débito da acceso al dinero disponible en una **cuenta corriente**. Los pagos se realizan en el acto. La tarjeta de crédito, en cambio, autoriza al usuario a efectuar pagos hasta un **límite de crédito** mensual. La **entidad emisora** de la tarjeta le cobra al usuario al cabo de un plazo fijado.

Estos medios de pago se pueden utilizar en todos los **establecimientos afiliados** y también permiten **retirar dinero** de un **cajero automático**. Para conceder una tarjeta, la entidad emisora requiere normalmente que el **solicitante** demuestre su **solvencia**. El sistema, organizado por algunas empresas especializadas y los bancos, se **financia** a través de la **tasa** o **cuota** anual que pagan los **titulares** de las tarjetas y de un porcentaje de cada venta cobrada por tarjeta que **abonan** los **comerciantes**. Algunas **cadenas comerciales emiten** tarjetas de crédito válidas sólo en sus propios establecimientos, con la finalidad de **fidelizar** a los clientes, que además del crédito normalmente pueden obtener otras ventajas (premios, etc.).

El gran éxito del dinero de plástico ha limitado el uso de **cheques** en las compras diarias y en el turismo. Al **librar** o **extender** un cheque, el **librador** da la orden al banco (el **librado**) de pagar al **tomador** el importe escrito en el cheque.

Zahlungsmittel
Bargeld; Karten; Schecks
Handelstransaktion
Austausch
Einkäufe; bar
Banknoten; Münzen
Frist; Bezahlung
Banküberweisung
Kredit-, EC-Karten (Ö: Bankomatkarten); Plastikgeld
Girokonto
Kreditlimit
Kreditkartengesellschaft
Vertragspartner
Geld abheben; Geldautomat (Ö: Bankomat)
Antragsteller
Zahlungsfähigkeit
finanzieren; Gebühr
Inhaber
bezahlen; Händler
Handelsketten; ausgeben
an sich binden
Schecks
ausstellen; Aussteller
Bezogener
Schecknehmer

Si el nombre del tomador figura en el cheque, se habla de **cheque nominativo**. Si en lugar del nombre figura la expresión "**al portador**" el beneficiado resulta ser la persona que tiene el cheque en sus manos. En el turismo conservan cierta difusión los **cheques de viaje**, normalmente en **divisas** ampliamente aceptadas, que permiten al viajero no preocuparse demasiado por la **convertibilidad** de la **moneda** de su país o por la inflación del país que está visitando. Además, al tener que firmar el cheque tanto en el país de origen como en la **oficina de cambio** del país de destino hay protección adicional contra el robo de la cual carece el dinero efectivo. [F.R.]

Namensscheck
an den Inhaber
Reiseschecks
Währungen
Konvertierbarkeit; Währung
Wechselstube

cheque (n.m.)
sin.: talón (n.m.);
fam.: chequera (n.f., *Scheckbuch*);
con.: extender = librar = firmar = emitir un cheque; cobrar = hacer efectivo un cheque; pagar con un cheque; ingresar un cheque para abono en cuenta (*Scheck zur Kontogutschrift einreichen*); anular un cheque (*Scheck stornieren*);
cheque al portador (*Inhaberscheck*); cheque conformado; cheque cruzado (*Verrechnungsscheck*); cheque nominativo; cheque de viaje = viajero; cheque sin fondos = sin provisión (*ungedeckter Scheck*);
el talonario de cheques (*Scheckbuch*).

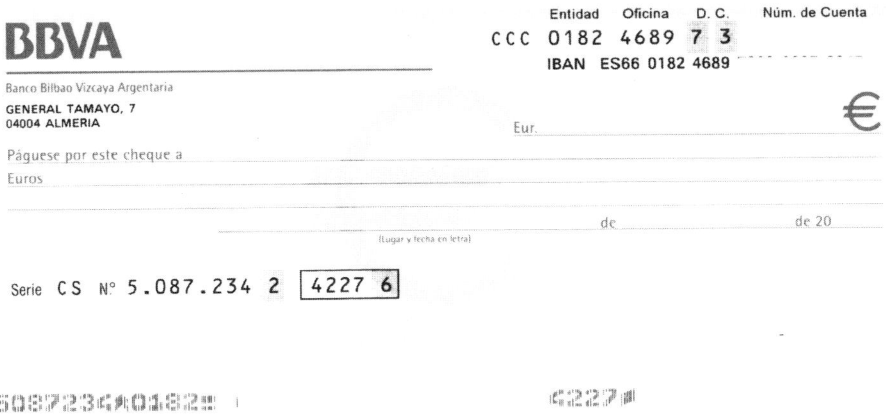
BBVA
Banco Bilbao Vizcaya Argentaria
GENERAL TAMAYO, 7
04004 ALMERIA
Entidad Oficina D. C. Núm. de Cuenta
CCC 0182 4689 7 3
IBAN ES66 0182 4689
Eur. €
Páguese por este cheque a
Euros
de de 20
(Lugar y fecha en letra)
Serie CS Nº 5.087.234 2 4227 6

LOS MEDIOS DE PAGO II: LA LETRA DE CAMBIO Y EL PAGARÉ

Medios de pago utilizados sobre todo entre **comerciantes** son la letra de cambio y el pagaré. Mediante una letra de cambio un **acreedor** (el **librador**) ordena a su **deudor** (el **librado**) que pague determinada suma de dinero a quien tiene la letra de cambio (el **tomador**). De esta manera es posible que si el acreedor a su vez debe dinero a un tercero, pueda **saldar su deuda** (o una parte de ella) entregándole la letra. Este segundo acreedor se convierte así en tomador (poseedor) de la letra, y exigirá el pago del dinero al librado. En muchos casos el tomador exigirá al librado la **aceptación** de la letra, con lo que el deudor se compromete formalmente a pagar el día convenido. En cualquier momento el tomador tiene la posibilidad de **endosar** la letra a un acreedor suyo, con lo que deja de ser acreedor del librado **cediendo sus derechos** a otra persona. Si el tomador lo desea, puede llevar la letra al **descuento**, normalmente a un banco, que le **avanzará el importe** menos un **descuento**.

¿Para qué sirve este proceso tan complicado? Veamos un ejemplo:

Un fabricante de jugo de tomate se dirige a un supermercado para que le distribuya su producto. El propietario del supermercado se declara dispuesto a venderlo si el fabricante no le exige **pagar al contado** o con un **cheque** y le **concede un plazo** para el pago de la mercancía. Si el **proveedor** (en este caso, el fabricante) está de acuerdo con esta forma de actuar, al mismo tiempo que entrega el jugo de tomate **girará una letra**. Esto es, formalizará el crédito que ha concedido al supermercado en una letra de cambio donde **constará** como librador el propio fabricante y como librado el supermercado. Pero, en la letra de cambio, como ya hemos señalado, puede intervenir un tercer sujeto: Supongamos que el fabricante del jugo de tomate **tiene deudas** con los agricultores que le **suministran** los tomates. En este caso, puede hacer constar como tomador a la **cooperativa**

Zahlungsmittel
Wechsel; eigener Wechsel
Kaufleute
Gläubiger
Aussteller; Schuldner; Bezogener
Wechselnehmer
seine Schuld begleichen
Annahme
indossieren
seine Ansprüche abtreten
Diskontierung
den Betrag vorstrecken
Abzug
bar bezahlen; Scheck;
eine Frist gewähren
Lieferant
einen Wechsel ausstellen
aufscheinen
Schulden haben
liefern
Genossenschaft

de agricultores que exigirá la aceptación de la letra por parte de supermercado porque una letra aceptada ofrece mayor seguridad si hay **impago** por parte del librado. El supermercado ahora deberá pagar a la cooperativa de agricultores. Sin embargo, puede suceder que la cooperativa deba dinero, por ej., a un fabricante de tractores. En este caso, puede endosar la letra, convirtiendo al fabricante de tractores en nuevo acreedor (**endosatario**) del supermercado. El **endoso** puede repetirse tanto como sea necesario; el último tomador debe dirigirse al supermercado para cobrar la suma que consta en la letra.

Nichtbezahlung

Indossatar

Indossierung

La importancia comercial de este medio de pago consiste precisamente en la posibilidad de realizar muchas transacciones comerciales, sin que ninguno de los distintos tomadores se preocupe del origen de la letra. En nuestro ejemplo, se habrán saldado las deudas entre los **endosantes** y endosatarios sin tener en cuenta que el supermercado aún no tenía el dinero para pagar la letra, puesto que este dinero lo están introduciendo en el proceso los consumidores de jugo de tomate que compran en el supermercado.

Indossanten

El pagaré es un documento muy similar al cheque pero con dos diferencias: aparece por una parte la expresión “pagaré a ...”, con la que el librador se compromete a pagar a su acreedor una suma especificada y, por otra, aparece la fecha exacta de pago. [J.M./J.S./F.R.]

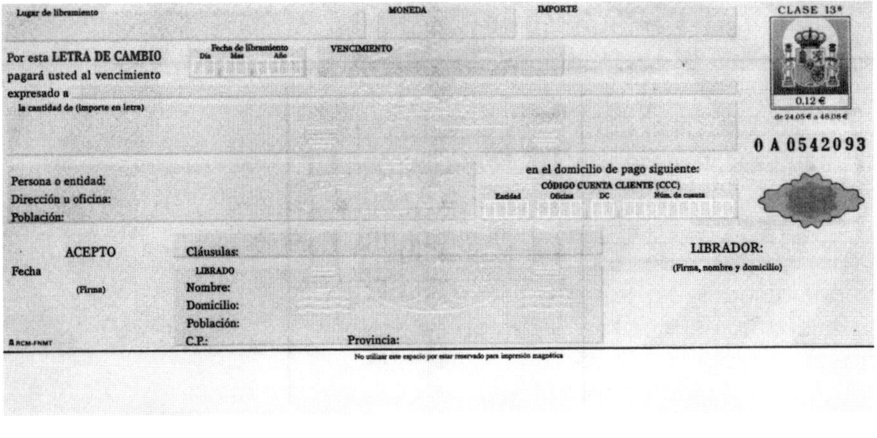
Lugar de libramiento
MONEDA
IMPORTE
CLASE 13ª
Por esta LETRA DE CAMBIO pagará usted al vencimiento expresado a
Fecha de libramiento Día Mes Año
VENCIMIENTO
la cantidad de (importe en letra)
0.12 €
0 A 0542093
Persona o entidad:
Dirección u oficina:
Población:
en el domicilio de pago siguiente:
CÓDIGO CUENTA CLIENTE (CCC)
Entidad Oficina DC Núm. de cuenta
ACEPTO
Fecha
(Firma)
Cláusulas:
LIBRADO
Nombre:
Domicilio:
Población:
C.P.:
Provincia:
LIBRADOR:
(Firma, nombre y domicilio)

LOS MEDIOS DE PAGO III: LOS MEDIOS DE PAGO INTERNACIONALES

interationale Zahlungsmittel

El problema de los medios de pago se complica bastante en el comercio internacional por la distancia geográfica y la diversidad de **monedas**, sistemas jurídicos y **hábitos comerciales**. Existe toda una serie de medios de pago que se distinguen entre sí por el coste y la seguridad que garantizan en el **cobro**. La elección dependerá, sobre todo, de la confianza existente entre las partes, la **solvencia** del importador, la **importancia** de las sumas en juego, la rapidez, flexibilidad y costes de cada medio de pago, así como de la situación económica y política del **país importador**.

Währungen
Usancen
Inkasso
Kreditwürdigkeit; Höhe
Importland

Los **medios de pago simples** son los mismos que ya hemos visto en el comercio nacional: billetes, tarjetas, cheques (sobre todo **cheques bancarios**, es decir, **librados** por un banco **sobre** un banco extranjero), letras de cambio (o **remesa**) y transferencias (u **orden de pago**). Estos medios de pago simples son baratos y ágiles, pero menos seguros que los **documentarios** (ver abajo), por lo cual sólo suelen utilizarse cuando la seguridad política y jurídica y la confianza entre las partes lo permiten.

einfache Zahlungsmittel
Bankschecks
ausgestellt auf
Inkasso; Zahlungsanweisung
dokumentäre (Zahlungsmittel)

Al inicio de las **relaciones comerciales** o cuando existe desconfianza en la **fiabilidad** o un alto **riesgo-país**, los medios de pago mencionados suelen combinarse con la entrega de los documentos representativos de la **mercancía**.

Handelsbeziehungen
Verlässlichkeit
Länderrisiko
Ware

En la orden de pago documentaria el **importador** ordena a su banco efectuar una transferencia bancaria a favor del **exportador**, después de haber recibido la documentación que prueba el cumplimiento de las **obligaciones contractuales** así como los derechos sobre la mercancía.

Importeur
Exporteur
vertragliche Verpflichtungen

En el caso de la **remesa documentaria**, es el exportador quien toma la iniciativa dando a su banco la **orden** de **cobrar** del importador extranjero el importe de la mercancía, contra la entrega de los documentos necesarios para el

Dokumenteninkasso
Order; einheben

despacho de la mercancía enviada al punto convenido (**aduana**, **puerto**). En el caso de una venta con **pago aplazado**, el importador debe **aceptar** una letra de cambio. El **riesgo** para el exportador consiste en que el importador no se presente a **retirar** los documentos o que acepte la letra pero después no **haga frente al pago**. Estos riesgos desaparecen en el caso del **crédito documentario** (también llamado **carta de crédito)**. En este caso un importador pide a su banco que autorice al banco del exportador a pagarle la mercancía en el momento en que éste presenta los documentos de la exportación. De esta manera, los dos bancos garantizan el pago (cobrando, por supuesto, comisiones por su servicio), y el exportador no tiene que preocuparse de la liquidez del importador. Así se satisfacen las pretensiones de seguridad de ambas partes: el exportador no envía la mercancía hasta que recibe la **notificación** de un crédito a su favor, y el banco no le paga hasta que entregue los documentos exigidos en el **contrato** por el importador. El único riesgo que subsiste para el importador es que la mercancía no coincida exactamente con lo que indican los documentos. El inconveniente principal del crédito documentario es su elevado coste. [F.R.]

Abfertigung
Zoll; Hafen
aufgeschobene Zahlung
annehmen; Risiko
abholen
der Zahlung nachkommen; Akkreditiv
Avisierung
Vertrag

El funcionamiento del crédito documentario

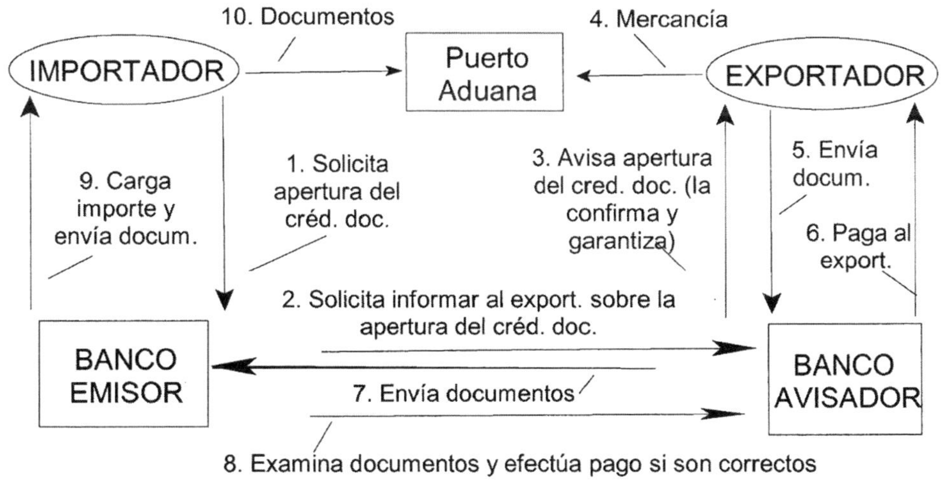

FINANZAS

EL BANCO

Bank

Los bancos se consideran tradicionalmente **intermediarios** entre los **poseedores de capital** que desean encontrar una forma de **inversión**, y los **solicitantes de capital**, que necesitan de éstos para financiar sus actividades. Por tanto, su función más característica es la de convertir el **ahorro** en **préstamos**. Presta tanto **fondos** que le pertenecen como fondos que ha recibido **en depósito** con la facultad de disponer temporalmente de ellos.

Vermittler; Kapitaleigner
Investition
Kapitalnachfrager
Spargelder; Darlehen
Mittel
als Einlage

Las operaciones bancarias se clasifican en:

- **operaciones de activo** (la **concesión de créditos**, etc.)
- **operaciones de pasivo** (captación de ahorro mediante **depósitos bancarios**).

Aktivgeschäfte; Kreditgewährung
Passivgeschäfte
Bankeinlagen

Los **beneficios** de los negocios bancarios derivan de la diferencia entre lo que **cobra** por las operaciones de activo y lo que paga a los ahorradores por sus depósitos. Tanto unos como otros se denominan comúnmente **intereses**. Estos se expresan normalmente en porcentajes, por lo que se habla del **tipo de interés**.

Gewinne
einnehmen
Zinsen
Zinssatz

Puesto que éste puede considerarse como una forma de precio que se paga por el dinero prestado, muchas veces se habla también de "**precio del dinero**".

Geldpreis

Dado que los depósitos bancarios no van a retirarse todos de golpe en el mismo momento, el banco no tiene que mantener todo ese dinero **en caja**. Dejando una pequeña parte de estos depósitos para atender a los clientes, dispone del resto para la **concesión de créditos**. Este proceso, denominado "**crear dinero**", se puede entender de la manera siguiente: Un ahorrador **ingresa** su dinero en el banco. Al mismo tiempo un **empresario solicita un crédito** que le es **concedido** por el banco, el cual para satisfacer la solicitud recurre a los ahorros que acaban de **depositar**se.

in der Kasse
Gewährung von Krediten
Geld schöpfen
einzahlen
Unternehmer beantragt einen Kredit; gewährt
einzahlen

Así pues, la misma suma de dinero existe en forma de depósito (para el ahorrador) y en forma de crédito (para el empresario), con lo que se ha duplicado esta suma. Lógicamente este dinero sólo existe en la **contabilidad** y no en forma de **billetes de banco**.

Buchhaltung
Banknoten

Aparte de estas funciones básicas, los bancos ofrecen toda una serie de servicios, así por ej.:

- **operaciones de cambio (compraventa de moneda extranjera)**,
- **operaciones de giro (transferencias bancarias)**,
- **emisión de medios de pago (cheques, tarjetas de crédito)**, etc.

[M.S.]

Geldwechsel; An- und Verkauf von Fremdwährungen; Girogeschäft; Banküberweisungen
Ausgabe von Zahlungsmitteln; Schecks; Kreditkarten

banco (n.m.)
fam.: banca (n.f., *Bankensystem*; *Bankengeschäft*); banquero (n.m., *Bankier*); bancario (adj.);
con.: el banco concede = otorga/niega créditos; ofrece servicios; cobra una comisión por los servicios;
banco de comercio = comercial; de crédito (agrícola; industrial; inmobiliario, etc.); de desarrollo; hipotecario; banco público = estatal = del Estado/privado;
banco central = emisor (*Zentralbank*);
el director de banco; el empleado de banco; el cajero del banco;
la sucursal = la oficina del banco (*Bankfiliale*);
los billetes de banco;
banca: extranjera; internacional; privada; la banca de un país; el poder de la banca;
bancario: la cuenta bancaria = el depósito bancario (*Bankkonto*); el tipo de interés bancario; el giro bancario = la transferencia bancaria (*Banküberweisung*); las operaciones bancarias (*Bankgeschäfte*); el sistema bancario.

Los mayores bancos españoles (31 de diciembre de 2012):

	Activos (Millones de €)	Beneficio Neto (Millones de €)
Banco Santander	1.269.628	2.205
Banco Bilbao Vizcaya Argentaria (BBVA)	637.785	1.676
CaixaBank (antigua Caixa d'Estalvis i Pensions de Barcelona)	348.174	230

LAS CAJAS DE AHORROS Y LAS COOPERATIVAS DE CRÉDITO

Sparkassen und Kreditgenossenschaften

Se entiende por caja de ahorros una institución financiera **no lucrativa**, cuyo objeto es el **fomento del ahorro**. A diferencia de los bancos no tiene una estructura de **sociedad anónima** con su capital dividido en **acciones**.

gemeinnützig; Förderung der Spartätigkeit
Aktiengesellschaft
Aktien

Las cajas de ahorros en España surgen de la iniciativa de **asociaciones profesionales**, **fundaciones**, o de instituciones como **municipios**, **diputaciones provinciales** o **Comunidades Autónomas**.

Berufsverbände; Stiftungen; Gemeinden
Provinzregierungen;
Autonome Regionen

Históricamente estaban especializadas en ofrecer **servicios financieros** a pequeños **ahorradores**. En la actualidad realizan las mismas operaciones y con las mismas condiciones que cualquier otro banco. Por lo tanto están sujetas a las mismas regulaciones que la banca en cuanto a inspección por parte del **banco central** (en España, el Banco de España), **reservas mínimas** y autorizaciones para abrir **sucursales**.

Finanzdienstleistungen; Sparer
Zentralbank
Mindestreserven
Filialen

El rasgo que mejor define a las cajas de ahorros es que han de **reinvertir** la mitad de sus **beneficios** y dedicar la otra mitad a **obra social**. Esto quiere decir que estos recursos se emplean en **obras benéficas**, tales como **residencias de ancianos**, o en obras culturales y de investigación, **becas**, exposiciones, etc.

reinvestieren; Gewinne
gemeinnützige Zwecke
wohltätige Zwecke; Altersheime
Stipendien

Las cajas de ahorros tuvieron una importancia enorme en el desarrollo económico de las familias españolas durante la segunda mitad del siglo XX. La caja de ahorros más importante fue la Caixa d'Estalvis i Pensions de Barcelona (Caja de Ahorros y Pensiones de Barcelona) que llegó a ser la mayor caja de ahorros de Europa con unos depósitos al mismo nivel que los mayores bancos españoles.

A partir de la **crisis financiera** del 2007 el Banco de España obligó a las cajas de ahorros, que tenían problemas fiancieros graves, a convertirse en bancos y, hoy en día, sólo quedan pocas cajas de ahorros de ámbito municipal.

Finanzkrise

Las entidades financieras que, en España, mejor superaron esta crisis han sido las cooperativas de crédito. Son instituciones financieras que también prestan los mismos servicios que los bancos, pero con la forma jurídica de una cooperativa. En este tipo de entidades es muy normal que la mayor parte de los ahorradores sean también **socios** de la cooperativa. Por esta razón, la **fidelidad** de sus propietarios les permite superar momentos difíciles sin ayudas del Estado. Los **depósitos** de los ahorradores están sujetos a la misma normativa que la de los bancos y garantizados por el **Fondo de Garantía de Depósitos**.

El origen de las cooperativas de crédito se encuentra en **asociaciones profesionales** (como la cooperativa de ingenieros o de abogados), en grandes empresas industriales (como la Caja Laboral Popular de una de las mayores cooperativas europeas, la cooperativa de Mondragón) y en las cooperativas agrarias que dan lugar a las **cajas rurales**.

Existen también cooperativas de crédito fundadas por **particulares** que tienen como objetivo principal fomentar la **banca ética**. [J.M./J.S.]

Gesellschafter
Treue
Einlagen
Einlagensicherungsfonds
Berufsverbände
landwirtschaftliche Genossenschaftsbanken
Privatpersonen
ethisches Bankwesen

LOS DEPÓSITOS BANCARIOS

Bankeinlagen

Normalmente, un **ahorrador** decide acudir a un banco para obtener **intereses** por su dinero. La **creación del depósito** significa **ingresar** en el banco una determinada cantidad de dinero; en ese momento se dice que el banco **abre una cuenta** a favor de ese ahorrador.

Sparer; Zinsen; Eröffnung einer Einlage; einzahlen; Konto eröffnen

En función de los deseos del cliente, el banco ofrece, aparte de los intereses, una serie de servicios adicionales (por ej., **seguros**, **tarjetas de crédito**, etc.) que dependen del tipo de depósito.

Versicherungen; Kreditkarten

Debe distinguirse entre:

- **depósitos a la vista**,
- **depósitos de ahorro** y
- **depósitos a plazo fijo**.

Sichteinlagen; Spareinlagen; Termineinlagen

En los primeros dos tipos de depósitos, el interesado puede, en cualquier momento, **retirar** la parte que desee del **saldo** de su cuenta.

abheben; Guthaben

En los depósitos a plazo fijo, deberá transcurrir cierto período de tiempo para que ello sea posible.

Los depósitos a la vista se materializan en **cuentas corrientes** que ofrecen la posibilidad de tener **tarjetas de débito** y **de crédito**, de realizar **domiciliaciones** (**pagos** y **cobros** que efectúa directamente el banco a través de la cuenta) y, en la mayoría de los casos, **descubierto bancario**, lo que quiere decir que el banco **reintegra**, hasta un límite, más dinero del efectivamente **abonado** en la cuenta a cambio del pago de unos intereses.

Girokonten; EC-(Ö: Bankomat-)Karte; Kreditkarte; Buchungsaufträge; Zahlungen; Einziehungen; Überziehungsrahmen; auszahlen; eingezahlt

Los depósitos de ahorro (las **cuentas** o **libretas de ahorro**) no ofrecen estas posibilidades, sin embargo, **devengan intereses** más elevados.

Sparkonten; Sparbücher; Zinsen abwerfen

El interés en los depósitos a plazo fijo es tanto más alto cuanto más amplio sea el **plazo** acordado, es decir, cuanto más tiempo se deje el dinero en el banco. Si el **depositante** desea retirar el dinero antes del plazo fijado pierde una parte o la totalidad de los intereses. De esta manera, el banco penaliza a los clientes que no cumplen el plazo.

Laufzeit; Einleger

En la actualidad, las regulaciones bancarias limitan la oferta de **tipos de interés** muy elevados. Esto provoca que las entidades financieras recomienden a los ahorradores desviar sus ahorros hacia **fondos de inversión**, **fondos de pensiones** o la **contratación de seguros**. [M.S.]

Zinssätze

Investmentfonds; Pensionsfonds; Abschluss von Versicherungen

<u>cuenta (n.f.) bancaria</u>

sin.: depósito (n.m.) bancario;

con.: abrir/cerrar una cuenta (*Bankkonto eröffnen/schließen*); tener una cuenta; ingresar = meter = abonar dinero en la cuenta/retirar = sacar dinero de la cuenta (*auf das Konto einzahlen/vom Konto abheben*); tener la cuenta al descubierto = hacer un descubierto en la cuenta = tener la cuenta en números rojos (*Konto überziehen*); embargar una cuenta (*Bankkonto pfänden*); la cuenta devenga un interés; cuenta corriente a la vista; cuenta a plazo fijo; cuenta de ahorro; ser titular de una cuenta (*Kontoinhaber*); transferir dinero de una cuenta a otra; domiciliar los cobros y los pagos en la cuenta bancaria (*die Einnahmen und Ausgaben am Konto automatisch verbuchen lassen*); el saldo = el estado de la cuenta (*Kontostand*); el extracto de cuenta (*Kontoauszug*).

EL CRÉDITO, EL PRÉSTAMO Y EL EMPRÉSTITO

Kredit, Darlehen und Anleihe

En la economía se usan estos tres términos para hacer referencia a la **cesión** de un producto o de una cantidad de dinero a cambio de un compromiso formal de su devolución futura más una compensación por su uso.

Überlassung

El término más general es el de crédito; en un sentido muy amplio esta palabra indica la confianza que un **acreedor** (**prestamista**) deposita en un **deudor** (**prestatario**).

Gläubiger; Kreditgeber
Schuldner; Kreditnehmer

En el ámbito financiero, por crédito se entiende una operación por la cual el prestamista (normalmente un banco) deja una determinada suma de dinero (**capital inicial** o **principal**) a la libre disposición del prestatario durante un período prefijado. Esto no significa que el deudor **consuma** inmediatamente todo este capital. Por tanto, sólo **pagará intereses** por aquella suma de dinero realmente consumida. Al término del **plazo fijado**, cuando **vence** el crédito, el prestatario está obligado a devolver el capital inicial, lo que se llama la **amortización** o el **reembolso** del crédito. Los bancos ofrecen estas operaciones con el nombre de **líneas de crédito**.

Anfangskapital; Kreditsumme
verbrauchen
Zinsen zahlen
fixierte Laufzeit; ablaufen
Tilgung
Kreditlinien

Por préstamo se entienden operaciones de crédito específicas por las que el prestatario consume inmediatamente todo el capital inicial. Normalmente se obliga a pagar periódicamente una parte convenida de éste (la **cuota de amortización**) más los intereses del capital que todavía no se ha amortizado. Por tanto, en general, al final de la vida del préstamo el prestatario ya habrá devuelto todo el capital.

Tilgungsrate

Puesto que cualquier préstamo es un tipo de crédito y las diferencias entre los dos conceptos son muy pequeñas, los dos términos muchas veces tienden a confundirse.

El empréstito, a su vez, es una forma específica de crédito que normalmente toma forma de emisión de **obligaciones** o **bonos**. Las personas que compran estos **títulos** conceden un préstamo a grandes empresas, al Estado o a otras **corporaciones públicas** (**Comunidades Autónomas**, **municipios**, etc.).

Anleihen; Schuldverschreibungen; Wertpapiere; öffentliche Körperschaften; Autonome Regionen; Gemeinden

Los **inversores** no recuperan el capital inicial hasta que no **expira** el plazo para la amortización del bono o de la obligación. Normalmente, mientras dure la vida del título tienen derecho a cobrar los intereses pactados.
En todo crédito se realiza un estudio previo para determinar la **solvencia** del prestatario. En la mayoría de los casos se exige a éste alguna garantía que, en general, puede ser personal (por ej., el **salario** que cobra, las **cuentas de resultados** de una empresa), mediante **avalistas** (personas que aceptan sustituir al deudor en caso de **insolvencia**) o por **hipotecas** (garantía por un **inmueble**, por ej., pisos, terrenos, etc.). De esta manera los bancos intentan reducir el riesgo de **impago** o de **morosidad** inherentes a estas operaciones. En el caso de los empréstitos, el análisis de la solvencia lo realizan las **agencias de calificación crediticia** (como Moody's o Standard & Poor's). [J.M./J.S.]

Anleger
enden
Zahlungsfähigkeit
Lohn; Gewinn- und Verlustrechnung; Bürgen
Zahlungsunfähigkeit; Hypotheken; Immobilie
Nichtbezahlung; Zahlungsverzug
Ratingagenturen

crédito (n.m.)
fam.: crediticio (adj.); acreditar (v., *akkreditieren*);
con.: pedir = solicitar/conceder = otorgar un crédito; negociar (las condiciones de) un crédito; tomar un crédito (*aufnehmen*); pagar = devolver un crédito; amortizar el principal de un crédito;
el crédito finaliza = vence = expira;
comprar algo a crédito; el banco abre un crédito a favor de un cliente;
crédito a largo/medio/corto plazo;
crédito documentario = carta de crédito (*Dokumentenakkreditiv*);
crédito agrícola; para la construcción; de/al consumo; crédito comercial; crédito a la exportación/de importación; crédito para vivienda;
crédito hipotecario (*Hypothekarkredit*); crédito personal = sin garantía (*Personalkredit*); crédito pignoraticio (*Lombardkredit*); crédito avalado (*Bürgschaftskredit*);
crédito oficial (*Staatskredit*); crédito preferencial = preferente (*Vorzugskredit*);
la demanda de créditos (*Nachfrage nach Krediten*); el tipo (de interés) de un crédito; el principal del crédito; las condiciones de un crédito (*Kreditbedingungen*); la línea de crédito; el tomador de un crédito (*Kreditnehmer*); el periodo de validez = la vida de un crédito (*Kreditlaufzeit*);

préstamo (n.m.)
fam.: prestar (v.); prestamista = prestador (n.m.); prestatario (n.m.);
con: véase "crédito".

EL TIPO DE INTERÉS Y EL TIPO DE DESCUENTO

Muchas veces se define al tipo de interés como "**precio del dinero**" y se expresa **en forma de tanto por ciento**. Aunque esto es totalmente correcto, una definición tan general difícilmente da una idea clara del significado práctico de este término.
En la realidad nos encontramos con personas que renuncian a un **consumo inmediato ahorrando** su dinero para un uso futuro. Al mismo tiempo otros **agentes económicos** (empresas, el Estado u otras personas) necesitan **fondos** para **cubrir** sus **necesidades**. Las **entidades bancarias** hacen de **intermediario** entre estos dos grupos. Reciben el dinero de los **ahorradores** y lo **prestan** a los que lo necesitan. El precio que pagan a los ahorradores por dejarles su dinero no es el mismo que el que pagan los que **solicitan créditos**, sin embargo, en los dos casos se habla de intereses. De esta manera ya existen dos tipos de interés (dos porcentajes distintos) que aplican los bancos al **capital depositado** y a los **fondos prestados**.
Sin embargo, existen otros muchos tipos de interés que dependen de las características (sobre todo de la duración, pero también de otras modalidades) del **depósito** o del **crédito**. En teoría, cuanto más larga sea la **duración** de un crédito tanto más altos serán los intereses (un depósito **a largo plazo devenga** un interés más alto, un crédito a largo plazo es más caro que uno a corto plazo). Además, hay que distinguir entre **interés simple** e **interés compuesto**. En el interés simple el tipo de interés sólo se aplica una vez (por ej.: Se ingresa un millón en un banco con un tipo de interés del 10% anual. Al cabo del año el banco devuelve el millón inicial más cien mil). En el caso del interés compuesto el tipo de interés también se aplica a los intereses del periodo anterior, es decir, se **cobran** y pagan **intereses** sobre intereses. Por **descuento bancario** se entiende el interés que los bancos cobran por **adelantar** el importe de un **efecto comercial** (**letras de cambio**, etc.).

Zinssatz
Diskontsatz
Geldpreis; in Prozentangaben
unmittelbarer Konsum; sparen
Wirtschaftssubjekte
Mittel
Bedürfnisse abdecken; Bankinstitute; Vermittler
Sparer
leihen
Kredite beantragen
eingelegtes Kapital
geliehene Mittel
Einlage; Kredit
Laufzeit
langfristig; abwerfen
einfacher Zins; Zinseszins
Zinsen einnehmen
Bankdiskont
vorstrecken
Handelspapier; Wechsel

El descuento, al ser un tipo de interés, depende del **plazo de vencimiento** del efecto comercial (normalmente este plazo es muy corto). — Fälligkeit

En la fijación del tipo de interés y del tipo de descuento interviene de forma decisiva el **banco central** de un país (en la Unión Europea: el Banco Central Europeo), puesto que establece el tipo de interés al que va a retribuir los depósitos de los bancos y al que va a cobrar los créditos que les conceda, así como el descuento que va a aplicar a los efectos que los bancos ya han descontado previamente. Este tipo de descuento se llama por lo tanto tipo de **redescuento**, aunque muchas veces el término tipo de descuento también se usa en este sentido. [J.M./J.S.]

Zentralbank

Rediskont

interés (n.m.)
fam.: interesar; interesarse por; (estar) interesado (en/por algo) (adj.); interesado (n.m.);
con.: una inversión arroja = devenga = produce = da interés (*Zinsen abwerfen*); pagar intereses;
interés del capital (*Kapitalzins*); bancario (*Bankzins*); intereses de las inversiones;
interés bajo/elevado; intereses caros (*teure Zinsen*); interés simple/compuesto; fijo/variable; bruto/neto; nominal/real; interés diario (*Tageszins*); anual (*Jahreszins*);
el cálculo de los intereses (*Zinsenrechnung*); el pago de los intereses; el plazo de los intereses (*Zinstermin*);
el tipo = la tasa de interés: el aumento/la reducción del tipo de interés; la estabilización del tipo de interés (*Zinsstabilisierung*);

descuento (n.m.)
fam.: descontar (diskontieren); redescuento (n.m.);
con.: presentar = llevar al descuento (*zum Diskont bringen*); aceptar una letra al descuento (*einen Wechsel zum Diskont hereinnehmen*);
descuento de efectos comerciales; bancario = comercial; los gastos de descuento (*Diskontspesen*);
el tipo = la tasa de descuento: aumentar/reducir el tipo de descuento; tipo de descuento preferente (*Vorzugsdiskontsatz*).

EL LEASING Y EL FACTORING

Leasing und Factoring

El leasing y el factoring son **servicios financieros** destinados a las empresas para facilitar la **adquisición de bienes** (el leasing) y la **gestión de los cobros** (el factoring).

El leasing, denominado también "arrendamiento financiero", permite a una empresa disponer de un determinado **activo** (máquinas, coches, **inmuebles**, etc.) **pagando** no su precio **al contado**, sino una **cuota** periódica **de alquiler** durante un plazo prefijado, al final del cual la empresa puede **ejercer la compra** pagando un **valor residual** o **rescindir el contrato**. Además, la empresa puede **deshacerse de** este activo en cualquier momento, devolviéndolo a la **compañía de leasing**. Mientras que en algunos países europeos es muy normal que también **particulares** se aprovechen de esta posibilidad (el ejemplo típico son las compras de coches según este sistema), en España utilizan este servicio principalmente las empresas y las **profesiones liberales**. Para éstas las cuotas de alquiler **son deducibles del impuesto sobre la renta de las personas físicas y del impuesto sobre sociedades**, mientras que si adquieren el activo al contado sólo pueden deducir del impuesto la **cuota de amortización** legalmente establecida. Si bien en un principio el leasing servía principalmente para la compra de **maquinaria**, hoy se adquieren cada vez más inmuebles y otros bienes de alto valor (por ej., **equipos informáticos**).

El factoring permite a una empresa trasladar toda la gestión de **cobro** de los **créditos concedidos** a sus clientes a otra sociedad, llamada "**factor**". La sociedad de factoring, al aceptar la **cesión** de los créditos, normalmente **avanza** a la empresa una parte del valor de estos créditos. El factoring no se limita a la pura financiación del crédito (como en el caso de un **descuento de letras de cambio**), sino que es un servicio que engloba desde la investigación de la **clientela** y el análisis de los riesgos de **impago** hasta la **contabilidad** adecuada del crédito.

Finanzdienstleistungen
Gütererwerb; Forderungsverwaltung
Anlagegut
Immobilien; bar bezahlen
Leasingrate
Kauf abschließen
Restwert; den Vertrag kündigen; abstoßen
Leasinggesellschaft
Privatpersonen
freie Berufe
können von der Einkommens- und Körperschaftssteuer abgesetzt werden
Abschreibungsrate
Maschinenpark
EDV-Anlagen
Inkasso; gewährte Kredite
Factor
Abtretung; vorschießen
Wechseldiskontierung
Kunden
Nichtbezahlung
Buchhaltung

En caso de impago por parte del **cliente deudor** la sociedad de factoring también se encarga de establecer las medidas oportunas que garanticen la **recuperación de la deuda**.

Schuldner

Eintreibung der Schuld

Las sociedades factor establecen categorías de empresas y **evalúan la calidad y solvencia** de sus relaciones comerciales. Esto permite a los factores seleccionar convenientemente los créditos que pueden gestionar, dado que las empresas tienden a **contratar con** las sociedades de factoring cuando ya prevén dificultades en el **cobro de la deuda**. [J.M./J.S.]

die Qualität und Zahlungsfähigkeit bewerten

einen Vertrag abschließen

Einziehung der Schuld

El factoring

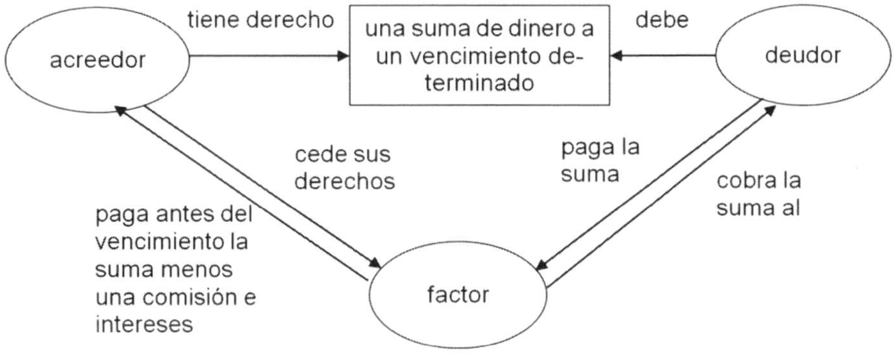

EL BANCO CENTRAL

El objetivo del banco central es la estabilidad de los precios. Para ello desarrolla la **política monetaria** general del Estado (o, como en el caso de una **unión monetaria**, de un conjunto de países) y, por tanto, controla la **cantidad de dinero en circulación**. Para ello actúa en dos sentidos:
Por una parte se responsabiliza de la **emisión de moneda** y, por otra, ejerce el control sobre el **sistema bancario** del país. Esta segunda actividad sitúa al banco central como núcleo del sistema bancario y le obliga a coordinar los mecanismos necesarios para asegurar la eficiencia del **mercado de dinero**. Entre estos mecanismos destacan la **fijación de los tipos de interés** a los que los bancos pueden **solicitarle créditos** y el **nivel de fondos** que deben depositar en las **cuentas** del banco central. Además, el banco central controla los **balances** y la **solvencia** de los distintos bancos, exigiendo que mantengan unas reservas obligatorias. De ahí que el banco central se considere el banco de los bancos.
De todo lo dicho se desprende que el banco central ejerce una gran influencia sobre el **precio del dinero**, el tipo de interés. Sin embargo, los bancos, antes de recurrir al préstamo del banco central, prefieren financiarse en el así llamado **mercado interbancario**. En este mercado sólo se prestan dinero los bancos y los tipos de interés resultantes (por ej. el "Euribor" o el "Libor") son algo mayores a los que aplica el banco central.
Otra función del banco central consiste en ser el banco del Estado. Como tal recibe los **ingresos provenientes de los impuestos** y **realiza los pagos** que el gobierno le pide. Se encarga también de **gestionar** las **reservas de divisas** del país, controlar los **flujos monetarios** hacia el exterior y mantener el **tipo de cambio**.
Para que el banco central pueda realizar estas tareas de forma eficiente, es necesario que su actuación sea independiente de los intereses de

Zentralbank

Geld-/Währungspolitik

Währungsunion
im Umlauf befindliche Geldmenge

Geldausgabe

Bankenwesen

Geldmarkt
Festsetzung der Zinssätze; Kredite beantragen; Höhe der Mittel
Konten
Bilanzen
Zahlungsfähigkeit

Geldpreis

Interbankenmarkt

Steuereinnahmen
führt die Zahlungen durch

Devisenreserven verwalten; Geldfluss
Wechselkurs

sus **accionistas** (si los tiene) y de los propios gobiernos.
En el caso de EE.UU. actúa como banco central la Reserva Federal ("la Fed") que es una asociación que reúne a los principales bancos del país.
En el caso de Europa el **Banco Central Europeo (BCE)** reúne a los bancos centrales de cada país que le han cedido una parte de sus responsabilidades. Los **gobernadores de los bancos centrales** de los distintos países miembros de la **Unión Monetaria Europea** se eligen de forma independiente de los gobiernos respectivos. [M.S.]

Aktionäre

Europäische Zentralbank (EZB)

Zentralbankgouverneure

Europäische Währungsunion

banco (n.m.) central
sin.: banco emisor;
con.: el banco central busca la estabilidad monetaria; diseña la política monetaria; controla la liquidez de la economía; emite dinero; concede créditos a los bancos; determina = fija el tipo de interés; mantiene el tipo de cambio = valor externo de la moneda; supervisa las instituciones financieras.

Las funciones de un banco central

Banco central		
Emisión de moneda	Banco del Estado	Banco de bancos
• emitir billetes y monedas • vigilar la seguridad de los billetes y las monedas emitidos	• realizar los cobros y los pagos del Estado • gestionar las reservas de divisas del Estado • controlar los flujos monetarios hacia el exterior y actuar sobre el tipo de cambio	• fijar los tipos de interés • fijar la cuantía de las reservas obligatorias de las instituciones financieras • control de los bancos

EL TESORO PÚBLICO Y LA DEUDA PÚBLICA

En la mayoría de los países el **Ministerio de Hacienda** (o: de Finanzas) es el responsable de la dirección de la **política fiscal**. Por lo tanto, le incumbe por un lado la administración y **recaudación de todos los tributos** de acuerdo con las **leyes fiscales** y, por otro, el control del **gasto público**.
En este contexto es de suma importancia la preparación del **presupuesto general del Estado** donde se recogen los **ingresos** y gastos previstos para el próximo **ejercicio**.
En la actualidad, y a pesar de los esfuerzos para equilibrar ingresos y gastos, en la mayoría de los países los presupuestos estatales muestran un déficit. Los gobiernos suelen gastar más de lo que ingresan. Esto sucede porque los estados se ven obligados a realizar **inversiones públicas** cuantiosas y no pueden incrementar en la misma proporción los ingresos de la **Hacienda Pública** mediante el **aumento de los tributos**.
Para pagar esas inversiones el Estado puede recurrir a medidas de **política monetaria**. Estas medidas pueden consistir en la **emisión de dinero** (lo que fácilmente lleva a **tendencias inflacionistas**), o en la búsqueda de particulares (en su mayoría instituciones financieras) que le **presten fondos**. Esta última posibilidad se conoce como **emisión de deuda pública**.
El organismo que dentro del Ministerio de Hacienda administra los **ingresos** y **gastos** de toda la Administración Pública es el Tesoro Público.
Por tanto, la tarea de este organismo consiste en primer lugar en determinar las necesidades de financiación para **cubrir** el **déficit público**. Trata de financiar el déficit mediante la emisión de **títulos** que pueden tener distintos **plazos de amortización**.
En España se distinguen:

- **Letras del Tesoro** (a corto plazo, normalmente un año),
- **Bonos del Estado** (a medio plazo, normalmente tres años) y

Staatskasse
Staatsschuld
Finanzministerium
Fiskalpolitik
Erhebung aller Abgaben
Steuergesetze
Staatsausgaben
Staatsbudget
Einnahmen
Finanzjahr
Investitionen der öffentlichen Hand
Staatsfinanzen
Abgabenerhöhung
Geldpolitik
Geldemission
inflationäre Tendenzen
Geldmittel leihen
Staatsschuldbegebung
Einnahmen; Ausgaben
abdecken; Staatsdefizit
Wertpapiere; Tilgungsfristen
Schatzbriefe
Staatsschuldverschreibungen

- **Obligaciones del Estado** (a largo plazo, cinco o más años). Staatsanleihen

La mayoría de estas operaciones ofrecen como principal atractivo, más que el **tipo de interés**, el menor riesgo que supone invertir con la garantía del Estado respecto a invertir en empresas privadas. Zinssatz

La actuación del Tesoro Público puede entenderse fácilmente si se la compara con la del **cajero** de una empresa. El Estado sería en este caso la empresa, el Ministerio de Hacienda el **departamento financiero**, que elabora los **planes de financiación**, y el Tesoro Público el cajero que los lleva a la práctica. Para ello se sirve de la ayuda del **banco central**, que es el único banco con el que trabaja el Estado, lo que explica la estrecha relación que existe entre los dos organismos. [M.S.]

Kassier

Finanzabteilung; Finanzierungspläne

Zentralbank

deuda (n.f.) pública
sin.: deuda del Estado;
fam.: adeudar (v., *schulden*); endeudarse (v., *sich verschulden*); endeudamiento (n.m., *Verschuldung*); deudor (n.m., *Schuldner*);
con.: emitir deuda pública; comprar deuda pública; invertir en deuda pública;
la deuda pública a corto/largo plazo;
el mercado de deuda pública; la administración de la deuda pública; la amortización de la deuda pública; la emisión de deuda pública; el servicio de la deuda pública (*Staatsschuldendienst*); los títulos de deuda pública (*Staatsschuldpapiere*);

déficit (n.m.)
fam.: (ser) deficitario (adj.);
con.: tener un déficit de X millones de euros; los resultados presentan = arrojan un déficit; liquidar = compensar = cubrir un déficit (*ausgleichen*); luchar = tomar medidas contra el déficit; déficit público.

LA POLÍTICA MONETARIA Y LA POLÍTICA FINANCIERA

El objetivo principal de la política monetaria, que en los países más desarrollados es competencia del **banco central**, consiste en controlar la inflación. Para ello es imprescindible mantener la estabilidad de la **moneda** tanto a nivel interno de un país como a nivel internacional.

En la actualidad esta tarea presenta cada vez mayores dificultades:

El banco central debe enfrentarse a unos **mercados internacionales de divisas** que están interconectados y se han convertido en el medio por el cual enormes **flujos de dinero**, de origen muy diverso, intentan mejorar su **rentabilidad**.

Para alcanzar su objetivo el banco central tiene que intervenir equilibrando la **oferta** y la **demanda** de dinero.

Para ello:

- aumenta o disminuye la **emisión de dinero**,
- ofrece créditos más o menos baratos con lo que interviene en la fijación del precio del dinero, el **tipo de interés,**
- compra y vende divisas.

Naturalmente, estas actuaciones repercuten también en el mercado interior. Si la **masa monetaria** es muy grande, significa que hay una oferta elevada de dinero, por tanto el valor de la **unidad monetaria** es bajo y los precios tienden a subir. Si la masa monetaria es muy pequeña, **la oferta de dinero no cubrirá la demanda**, por tanto el valor de la unidad monetaria es alto y el **consumo** se reducirá. Por eso, el banco central trata de conseguir que la masa de dinero que está en manos de los **consumidores** sea equilibrada y que la velocidad con que se mueve esta cantidad de dinero no sea excesiva.

El objetivo de la política financiera es conseguir la financiación necesaria para que el Estado pueda desarrollar las **inversiones públicas** y hacer frente a sus gastos. Naturalmente cuanto más barata se consiga la financiación, menos déficit público hay. Si los ingresos del Estado provenientes de los **tributos** no son suficientes

Geld-/Währungspolitik
Finanzpolitik
Zentralbank
Währung
internationale Devisenmärkte
Geldströme
Rentabilität
Angebot; Nachfrage
Geldemission
Zinssatz
Geldmenge
Währungseinheit
das Geldangebot deckt die Nachfrage nicht
Konsum
Konsumenten
Investitionen der öffentlichen Hand
Abgaben

para financiar sus actividades, los gobiernos no tienen más remedio que endeudarse **emitiendo deuda pública**. El tipo de interés que el estado pagará por estos **préstamos** (normalmente **obligaciones del Estado**) condiciona los tipos de interés que los bancos aplican a sus clientes. Es decir, si el tipo de interés al que se financia el Estado es muy alto, los consumidores tendrán que pagar un interés elevado para conseguir créditos, por tanto reducirán su consumo y los precios tenderán a bajar. Por otra parte, si el tipo de interés de la deuda pública es muy bajo, los ciudadanos van a pagar muy poco por los créditos y aumentarán el consumo.

Staatsschuld begeben
Darlehen
Staatsanleihen

Así la política financiera del gobierno determina también los tipos de interés y, en este aspecto, debe coordinarse con la política monetaria. Pero mientras que la política monetaria está en manos del banco central, la política financiera continúa siendo responsabilidad directa del gobierno. La **política económica** de un gobierno deberá coordinar la actuación del **sistema financiero** (bancos, **cajas de ahorros**, etc.) con la del banco central para que la política financiera y la política monetaria cumplan sus objetivos. [J.M./J.S.]

Wirtschaftspolitik
Finanzsystem
Sparkassen

EL BANCO MUNDIAL Y EL FONDO MONETARIO INTERNACIONAL

Weltbank und Internationaler Währungsfonds

Estas dos instituciones nacieron al mismo tiempo antes de finalizar la Segunda Guerra Mundial en 1945. Dado que sus funciones son complementarias, se mencionan muchas veces de forma conjunta. Sin embargo, los ámbitos de actuación son bastante dispares.

El Banco Mundial (**BM**), en los primeros tiempos también llamado **Banco Internacional de Reconstrucción y Desarrollo**, es un organismo cuya principal finalidad es **promover las inversiones a largo plazo** en determinados países. En un principio su tarea consistía en financiar la reconstrucción de los daños causados por la Segunda Guerra Mundial. Hoy en día concentra su actividad en la **ayuda al desarrollo** de los **países del Tercer Mundo.**

WB
Internationale Bank für Wiederaufbau und Entwicklung; langfristige Investitionen fördern

Entwicklungshilfe; Länder der Dritten Welt

La actuación del BM se dirige a la **concesión de créditos** a proyectos concretos, nunca a un gobierno o país. Los **préstamos** se caracterizan por aplicar unos **intereses de mercado** pero con un **vencimiento** que puede llegar a los treinta años. A este efecto, el BM exige a los países donde van a realizarse los proyectos que formulen **planes de desarrollo a largo plazo** y les ofrece ayuda técnica mediante comisiones especializadas. Para que estos planes sean viables, el BM vincula su ayuda a que se adopten las medidas propuestas por el Fondo Monetario Internacional.

Gewährung von Krediten
Darlehen
Zinsen in Markthöhe
Fälligkeit
langfristige Entwicklungspläne

El Fondo Monetario Internacional (**FMI**) es un organismo que tiene por objetivo asegurar la estabilidad de los **tipos de cambio** y **fomentar** la cooperación internacional **en materias monetaria y comercial**.

IWF
Wechselkurse; fördern in den Bereichen Währung und Handel

Con el fin de evitar **oscilaciones** de los tipos, que pueden perturbar el comercio internacional, el FMI actúa como **fondo de estabilización**. Esto significa que los países miembros se obligan a **dotar las reservas del FMI** mediante una cuota que se determina en función del peso cuantitativo de las transacciones económicas y financieras de cada país y según el **nivel de re-**

Schwankungen
Stabilisierungsfonds
den IWF mit Reserven ausstatten
Einkommensniveau

nta alcanzado. Con este capital el FMI puede conceder ayudas (**créditos a muy corto plazo**, llamados **Derechos Especiales de Giro**) a los países miembros cuya situación económica puede afectar a la estabilidad monetaria.
A fin de cuentas, la actuación del FMI se parece a un **prestamista de último recurso**. A un país que entra en una crisis muy profunda no se le puede **liquidar** como a una empresa privada. Si un Estado no puede hacer frente al **servicio de la deuda** externa (**amortización** y pago de los intereses) arrastra a la **quiebra** a los bancos que le han **prestado dinero** y provoca fuertes **desequilibrios** en los **mercados monetarios** internacionales. Esto empobrece a los ciudadanos del país cuando ven que, al no llegar nuevos fondos internacionales, por ej., no se pueden terminar las **obras públicas** o no se pueden mantener los servicios públicos (**sanidad**, educación). En esta situación el FMI interviene exigiendo al gobierno un **plan de estabilización** que devuelva la confianza a la banca internacional, reestablezca la **competitividad** del país aumentando el ingreso de divisas a través de la exportación y de la **inversión extranjera**.
Como estos planes en muchos casos implican **devaluaciones** y medidas de control de la inflación mediante la **moderación salarial**, las **clases más desfavorecidas** son las más afectadas. [M.S.]

sehr kurzfristige Kredite
Sonderziehungsrechte
Darlehensgeber für Notfälle
auflösen
Schuldendienst
Rückzahlung
Konkurs
Geld leihen
Störungen; Geldmärkte
öffentliche Bauaufträge
Gesundheitswesen
Stabilisierungsplan
Konkurrenzfähigkeit
ausländische Investitionen
Abwertungen
Mäßigung bei Lohnabschlüssen; am meisten benachteiligte Schichten

LOS MERCADOS FINANCIEROS

Finanzmärkte

En la vida económica no sólo se compran y venden productos, sino también **activos financieros**, lo que quiere decir que se compra y vende dinero (o un **depósito de valor** fácilmente convertible en dinero).	Finanzaktiva Wertanlage
Esto, a simple vista, puede parecer absurdo, sin embargo, los mercados financieros, que es donde se realizan estas transacciones, son de suma importancia para el funcionamiento de una economía moderna, puesto que permiten poner en contacto a los **agentes económicos** (familias, empresas, Estado) que necesitan **financiación** con los que pueden **suministrar**les el dinero que necesitan.	Wirtschaftssubjekte Finanzierung zur Verfügung stellen
Este dinero (este depósito de valor) normalmente no tiene forma de **billetes de banco**, sino que más bien se trata de **títulos** que dan al poseedor **derecho sobre** una determinada suma de dinero.	Banknoten Wertpapiere Anrecht auf
Según las características de los títulos que se negocian, los mercados financieros se clasifican en: • **mercados monetarios** y • **mercados de capitales**.	Geldmärkte Kapitalmärkte
En los mercados monetarios se compran y venden los activos **a corto plazo**, lo que quiere decir que el **plazo** previsto **para el vencimiento** del título es casi siempre inferior a un año.	kurzfristig Frist bis zur Fälligkeit
Este mercado monetario se subdivide, según el tipo de título, • en **mercado de divisas** (donde se compran y venden **monedas extranjeras**), • **mercado interbancario** (en el que los bancos se conceden mutuamente **créditos a corto plazo**) y • otro tipo de mercado en el que se negocian **efectos comerciales** (**letras de cambio** y **pagarés**).	Devisenmarkt ausländ. Währungen Interbankenmarkt kurzfristige Kredite Handelspapiere; Wechsel; eigene Wechsel
Además de estas tres partes principales del mercado monetario existen otros mercados (por ej., de **deuda pública**, de **cédulas hipotecarias**) que por el bajo riesgo que implican también se consideran parte del mercado monetario aunque sus títulos tengan una vida más larga.	Staatsschuld; Pfandbriefe

Los mercados de capitales comprenden las transacciones de **títulos cuya vida es a más largo plazo**.

Wertpapiere mit längerer Laufzeit

Se divide en

- **mercado de créditos a largo plazo** (créditos entre grandes empresas o Estados) y
- **mercado de valores** (centralizados en las **bolsas**).

Markt für langfristige Kredite

Wertpapiermarkt

Börsen

En este último se negocian:

- **títulos de renta fija** (**obligaciones**, etc.),
- **títulos de renta variable** (sobre todo **acciones**) y
- **productos derivados** (**opciones** y **futuros**).

[J.M./J.S.]

festverzinsliche Wertpapiere; Anleihen; Dividendenpapiere; Aktien

derivative Produkte; Optionen; Futures

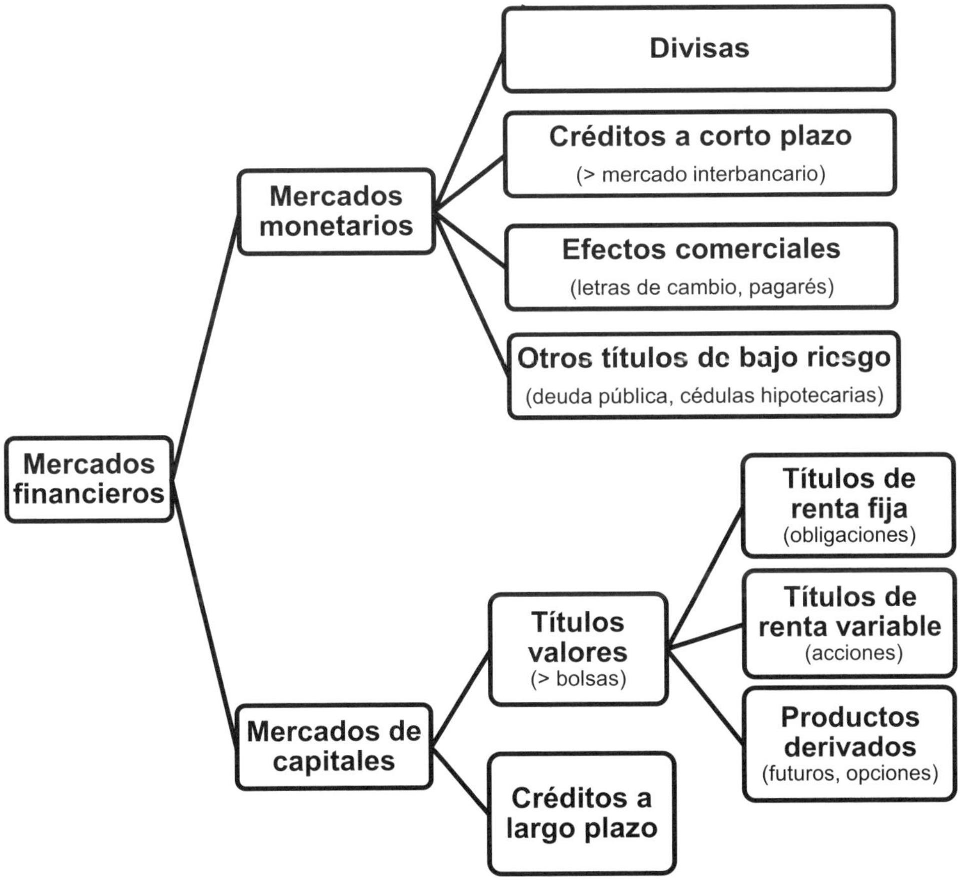

LA BOLSA

Börse

Cuando se habla de bolsa se suele pensar inmediatamente en la **bolsa de valores mobiliarios**. Sin embargo, existen también **bolsas de materias primas** (sobre todo de metales y productos agrícolas) muy importantes.

La bolsa de valores constituye un mercado organizado (regulado por leyes) de **títulos valores**, especialmente **acciones** y **obligaciones**. Es una parte importante del **mercado de capitales**. La colocación de las **nuevas emisiones** se realiza fuera de la bolsa y las acciones llegan al público a través de intermediarios como los bancos (**mercado primario**). Sin embargo, el **intercambio** o la compraventa de los títulos que ya se encuentran en circulación se realiza dentro de la bolsa (**mercado secundario**).

Los precios de los títulos, llamados **cotizaciones**, se fijan de acuerdo con la **ley de la oferta y la demanda**.

La bolsa tiene por objetivo principal posibilitar la participación directa del **ahorro** en la **financiación de los proyectos de inversión**. Cuando un **ahorrador** compra títulos de una nueva emisión está financiando una inversión empresarial. Pero, si estos títulos después no **cotizan en bolsa**, el **inversor** inmoviliza su capital y no tiene posibilidades de recuperar fácilmente su dinero. Gracias a que en la bolsa el inversor tiene en todo momento la posibilidad de vender sus títulos y **liquidar** su **inversión**. De esta manera, la bolsa convierte inversiones que, de hecho, son **a largo plazo** en inversiones **a corto plazo** o de **liquidez inmediata**.

Aparte de la liquidez, invertir en bolsa es interesante por la **rentabilidad** que ofrece, puesto que permite al inversor alcanzar una **retribución** mayor que la ofrecida en el **mercado bancario**. Por otra parte, libera a las empresas públicas y privadas de la dependencia exclusiva de las **instituciones de crédito.** La bolsa de valores no es, en absoluto y en contra de la opinión más generalizada, un entretenimiento para capitalistas ociosos, sino que tiene una importancia real en la financiación del desarrollo econó-

Wertpapierbörse
Rohstoffbörsen
Wertpapiere
Aktien; Anleihen
Kapitalmarkt
Neuemissionen
Primärmarkt
Handel
Sekundärmarkt
Notierungen
Gesetz von Angebot und Nachfrage
Spargelder; Finanzierung von Investitionsprojekten
hier: Anleger
an der Börse notieren
Investor
die Investition auflösen
langfristig; kurzfristig
unmittelbare Liquidität
Rentabilität
Vergütung
Bankenmarkt
Kreditinstitute

mico. En efecto, si bien no puede provocar por sí misma este desarrollo, su mal funcionamiento puede entorpecerlo en alto grado. Las **cotizaciones** pueden considerarse como un "barómetro" de la situación económica puesto que están en relación directa con los **resultados empresariales**. Normalmente, las cotizaciones presentes tienen en cuenta las **previsiones de resultados empresariales** futuros y, de esta manera, anticipan la evolución económica.

Notierungen

Unternehmensergebnisse

Vorhersagen von Unternehmensergebnissen

Esta importancia es más visible en el caso de las bolsas de materias primas o en las de **divisas**, que constituyen el mercado donde la oferta y la demanda fijan los precios de los distintos productos o **monedas**. Por eso, cualquier intervención en estos mercados tiene consecuencias directas para el consumidor final. Naturalmente no se intercambian físicamente los productos (nadie se lleva cinco toneladas de arroz), sino los títulos que dan derecho a la compra o a la venta. [M.S.]

Devisen

Währungen

<u>bolsa</u> (n.f.)

sin.: mercado bursátil;

fam.: bolsista (n.m., *Börsenspekulant*); bursátil (adj.);

con.: la bolsa abre/cierra; fluctúa = oscila; sube/baja; la bolsa está agitada = inestable; tranquila/animada; débil/fuerte; la bolsa tiene tendencia al alza = alcista/a la baja = bajista;
una empresa sale a bolsa; saca acciones a la bolsa; se retira de la bolsa;
los títulos se cotizan en bolsa (*werden an der Börse gehandelt*) = están admitidos a cotización en bolsa (*an der Börse zugelassen*);
especular = jugar en bolsa (*an der Börse spekulieren*); operar en bolsa (*an der Börse handeln*);
la bolsa de valores (mobiliarios); la bolsa de mercancías = materias primas;
el alza de la bolsa (*Börsenhausse*); el ambiente de la bolsa (*Börsenstimmung*); la apertura/el cierre de la sesión de bolsa = bursátil (*Eröffnung/Schluss des Börsentags*); la operación de bolsa (*Börsengeschäft*); el índice de la bolsa = bursátil (*Börsenindex*).

LOS ÍNDICES BURSÁTILES

Börsenindexe

Los índices bursátiles son indicadores de la **evolución de los precios** en los **mercados de valores (bolsas)**, es decir, se usan para mostrar el movimiento general del mercado.

Preisentwicklung; Wertpapiermärkte; Börsen

Existen índices para cualquier tipo de **título**, sin embargo, los más conocidos son los **índices de acciones**.

Wertpapier
Aktienindexe

A lo largo de una **sesión bursátil** el precio de las acciones va variando. Al acabar la sesión cada título queda con un valor que será el mismo al que iniciará la sesión del día siguiente. Es muy difícil evaluar la estabilidad o la tendencia en el precio de un activo sólo observando el **valor final** y el **valor inicial** de cada sesión, porque en ella el valor puede haber estado **cotizando** a precios muy distintos y se pueden haber **intercambiado** muchos o pocos títulos.

Börsensitzung

Schlusskurs; Eröffnungskurs; notieren

handeln

Con los índices bursátiles se intenta dar una idea de cómo ha evolucionado en una sesión o en un periodo el conjunto del mercado. De esta manera se puede comparar la evolución de una determinada acción con la del conjunto de las acciones (lo que, por ej., es importante para saber si el título que poseemos sufre mucha o poca variación y, por lo tanto, si implica más o menos riesgo).

El cálculo de los índices puede realizarse de formas muy diversas y cada una de las instituciones que los calculan escoge el sistema que le parece que representa mejor el funcionamiento del mercado.

Normalmente las **sociedades rectoras** de las bolsas establecen el índice de la bolsa que controlan, pero también existen los índices calculados por periódicos (La Vanguardia, el Financial Times, etc.), por compañías financieras (bancos, **sociedades inversoras**) o por particulares, como lo fue el Dow Jones, que hoy es el índice de más tradición en la Bolsa de Nueva York.

Börsenleitungsgesellschaft

Investmentgesellschaften

Para el cálculo de un índice lo primero que hay que determinar es el tipo de acciones que desean considerarse y que formarán parte de la

muestra representativa de todo el mercado. Esta muestra se elige normalmente según crite-criterios tales como la dimensión de las empresas consideradas, la cantidad de **recursos propios**, las **cifras de negocios**, etc.
Los índices bursátiles son generalmente una **media ponderada**, lo que quiere decir que para calcularlos se toman en cuenta factores como la **capitalización bursátil** de una empresa (o sea, la **cotización** de las acciones de una empresa multiplicado por el número de acciones que componen el **capital social**), el **volumen de contratación**, etc.
En ocasiones, se han propuesto índices no ponderados, construidos entonces como medias simples: tal es el caso del índice Dow-Jones Industrial de la Bolsa de Nueva York. [M.S.]

repräsentative Stichprobe

Eigenmittel
Umsatzerlöse

gewogener Durchschnitt

Börsenkapitalisierung
Kurs

Grundkapital; Börsenumsatz

Los índices bursátiles más conocidos

Bolsa de Nueva York:	Dow Jones Industrial Average
Bolsa de Tokio:	Nikkei 225
Bolsa de Londres:	FT-SE 100 (Financial Times - London Stock Exchange 100)
Bolsa de Francfort:	DAX (Deutscher Aktien Index)
Bolsa de París:	CAC-40 (Compagnie des Agents de Change 40)
Mercado Continuo Español:	Ibex 35

LOS FONDOS DE INVERSIÓN

Investmentfonds

Un fondo de inversión está compuesto por los **capitales** de varios **inversores** que desean **colocar sus ahorros** en los **mercados financieros**. El objetivo es obtener más **rendimiento** que en un **depósito bancario** pero, al mismo tiempo, no tener que **asumir la gestión de este patrimonio**.

Kapital; Investoren
ihre Ersparnisse anlegen; Finanzmärkte; Ertrag
Bankeinlage
die Verwaltung dieses Vermögens übernehmen

El capital de cada uno de los inversores forma una **participación** (parte alícuota del patrimonio total del fondo) que se entrega a una **sociedad gestora**. Ésta es una **sociedad anónima** (con unos **accionistas** que no tienen que coincidir con los **partícipes** del fondo) cuyo único **objeto social** es la administración de fondos de inversión (pueden ser varios). Esta sociedad gestora debe **responder de su correcta gestión ante los partícipes** y determinar el valor de las participaciones.

Anteil
Investmentfondsgesellschaft; Aktiengesellschaft
Aktionäre
Anteilsinhaber; Unternehmensgegenstand

vor den Teilhabern die korrekte Geschäftsführung verantworten

Para proteger al inversor, la legislación española obliga a que los **títulos** donde se han colocado los **fondos** de los partícipes **estén custodiados por un banco depositario**. Por eso, las sociedades gestoras son normalmente **filiales** de bancos.

Wertpapiere
Geldmittel; von einer Depotbank verwahrt werden

Tochterfirmen

Según el tipo de valores en los que se invierte el dinero del fondo se distingue entre:

- **fondos de inversión mobiliaria** (que invierten en **títulos valores** como **acciones**, **obligaciones**, etc.),
- **fondos de inversión en activos del mercado monetario** (**divisas**, **títulos a corto plazo**, etc.) y
- **fondos de inversión inmobiliaria** (inversión en terrenos, edificios, etc.).

Wertpapierfonds
Wertpapiere; Aktien; Anleihen
Geldmarktfonds
Devisen; Wertpapiere mit kurzer Laufzeit
Immobilienfonds

Además, los fondos de inversión mobiliaria se pueden clasificar en:

- **fondos de renta fija** (inversión en obligaciones, etc.),
- **fondos de renta variable** (inversión en acciones) y
- **fondos mixtos** (inversión tanto en renta fija como variable).

Rentenfonds
Aktienfonds
gemischte Fonds

Esta clasificación debería permitir al inversor valorar el **riesgo** y la **rentabilidad** de su inversión porque se puede suponer que invertir en renta variable es más arriesgado que en renta fija. Sin embargo, lo que determina el riesgo de un fondo es la administración que haga la sociedad gestora. Si ésta **diversifica** las **inversiones** adecuadamente porque dispone de mejor información y medios que un pequeño **ahorrador** reduce el riesgo de la inversión. Si la gestora reparte la **cartera** en muchos títulos, es más probable que se llegue a compensar la pérdida en un título con la ganancia en otro. Para reducir aún más el riesgo existen los **fondos de inversión garantizados**, en los que la gestora se compromete a devolver la inversión inicial o, a veces, incluso ofrece una rentabilidad mínima.

Por el contrario, los fondos con más riesgo se denominan **fondos de cobertura**, que invierten en empresas y títulos **altamente volátiles** o usan estrategias financieras muy arriesgadas. Naturalmente ofrecen rentabilidades mucho mayores que cualquier otro tipo de fondo.

La rentabilidad de las participaciones en los fondos no sólo proviene del **pago de intereses** o **dividendos**. Las ganancias que un fondo procura al partícipe se originan en primer lugar por las **plusvalías** que hayan conocido los títulos en los que el fondo ha invertido el dinero. Si en el tiempo en el que un partícipe ha estado dentro del fondo el valor de los títulos ha aumentado, entonces también ha aumentado el valor de su participación.

Sólo cuando el inversor venda la participación disfrutará de un **beneficio**. [M.S.]

Risiko; Rentabilität

Investitionen streuen

Sparer

Portefeuille

Garantiefonds

Hedgefonds

mit extremen Schwankungen

Zahlung von Zinsen

Dividenden

Wertsteigerungen

Gewinn

LA ACCIÓN

Aktie

Una acción es un **título** que representa una **parte alícuota** del capital de una **sociedad anónima**. Una persona que compra acciones de una sociedad se convierte en **copropietario** de la misma con los derechos y deberes que ello implica.

Wertpapier
aliquoter Anteil; Aktiengesellschaft
Miteigentümer

En la acción consta el **valor nominal**, el número de unidades monetarias que representa esta parte alícuota y que se calcula dividiendo el **capital social** de la empresa por el **número de acciones emitidas**. Sin embargo, el precio al que puede comprarse no coincide normalmente con este valor nominal, sino que depende de la **cotización** de la acción **en bolsa**. De esta manera, el **valor real está en función de la situación de oferta y demanda** en la bolsa.

Nominalwert
Grundkapital; Anzahl der ausgegebenen Aktien
Börsenkurs
Kurswert hängt von Angebot und Nachfrage ab

Entre los derechos más destacables del accionista está el participar en los **beneficios**, **cobrando el dividendo** que la **junta general de accionistas** decide **repartir** cada **ejercicio.** La acción no incorpora ningún compromiso de **rendimiento** futuro, es decir, si la empresa no tiene beneficios o si la junta decide **reinvertir**los no se reparte ningún dividendo. Como título que representa la propiedad de una empresa, la acción no tiene límite temporal prefijado y durará tanto como dure la empresa.

Gewinne; Dividende beziehen; Hauptversammlung; ausschütten; Geschäftsjahr
Ertrag
reinvestieren

En caso de **pérdidas**, la compañía, si no consigue más **fondos**, puede verse forzada a reducir su capital social, con lo que la acción verá disminuir su valor nominal (hasta cero en caso de **quiebra**).

Verluste
Mittel
Konkurs

Mientras que estas pérdidas en el valor nominal de una acción solamente se dan en estos casos extremos, en cada **sesión bursátil** se producen continuamente cambios en la cotización. La cotización de la acción en bolsa es el precio al que **oferentes** y **demandantes** intercambian las acciones. Mediante la oferta y la demanda de títulos a distintos precios los **agentes económicos** muestran sus expectativas respecto a la rentabilidad de la compañía.

Börsensitzung
Anbieter; Nachfrager
Wirtschaftssubjekte

La ganancia de una acción no se limita al dividendo que se cobra cada año, sino que se mide por la diferencia entre el **precio de compra** y el **precio de venta**. La mayoría de los **inversores** acuden a los **títulos de renta variable** atraídos más por las **plusvalías** que se derivan de vender más caro de lo que se ha comprado, que por el dividendo que puedan cobrar. [M.S.]

Ankaufspreis
Verkaufspreis; Investoren
Dividendenpapier
Wertzuwächse

acción (n.f.)
fam.: accionista (n.m., *Aktionär*); accionariado (n.m., *Aktionäre*);
con.: comprar = adquirir/vender acciones; emitir acciones (*Aktien ausgeben*); suscribir acciones (*Aktien zeichnen*); admitir acciones a cotización en bolsa (*Aktien zur Börsennotierung zulassen*); las acciones pierden/ganan valor (*im Wert steigen/fallen*); una acción proporciona dividendos;
acción ordinaria (*Stammaktie*); acción nominativa (*Namensaktie*); acción preferente (*Vorzugsaktie*); con derecho a voto (*Berechtigungsaktie*); acciones (no) cotizables (*(nicht) börsenfähige Aktien*);
el alza = la subida/la bajada de las acciones (*Aktienhausse/Aktiensturz*); el dividendo de una acción; el canje de acciones (*Aktienumtausch*); el capital en acciones (*Aktienkapital*); la contratación de acciones (*Aktienhandel*); la cotización de una acción (*Aktienkurs*); la mayoría de acciones (*Aktienmehrheit*); el paquete de acciones (*Aktienpaket*); la cartera de acciones (*Aktienportefeuille*); el propietario de la mayoría de las acciones (*Mehrheitsaktionär*); el titular de una acción (*Aktienbesitzer*);
accionista: junta general de accionistas (*Hauptversammlung*); accionista mayoritario (*Mehrheitsaktionär*);

cotización (n.f.)
fam.: cotizar(se) (v.); cotizable (adj.);
con.: la cotización sube/baja (*steigt/fällt*); se mantiene = se sostiene (*bleibt unverändert*); cotización al alza/a la baja (*steigender/fallender Kurs*); cotización de apertura/de cierre (*Anfangs-/Schlusskurs*); cotización de una moneda extranjera (*Kurs einer Fremdwährung*);
el alza = el incremento = la subida/la caída = la bajada de la cotización (*Kurssteigerung/ Kursabschwächung*);
cotizar(se): una acción (se) cotiza en bolsa a X euros; (se) cotiza alto/bajo (*hoch/ niedrig im Kurs stehen*).

LAS OBLIGACIONES Y LOS BONOS

Anleihen und Schuldverschreibungen*

Al contrario de las **acciones**, los bonos y obligaciones son casi siempre **títulos de renta fija**, por lo tanto su poseedor conoce el momento y la cantidad de los **intereses** que va a cobrar.
Antiguamente, para tener derecho al cobro de los intereses era necesario recortar el **cupón** correspondiente a cada periodo, que llevaba incorporado el título. De ahí que los intereses que **devengan** las obligaciones y los bonos se denominen "cupones".
El hecho de que el poseedor cobre intereses procede de la naturaleza de la **emisión** de obligaciones y bonos, porque en ambos casos se trata de títulos que proceden de la emisión de un **empréstito**. Esto quiere decir que el título reconoce la **deuda** que una **corporación** (sea el Estado o una gran empresa) **contrae** con el **suscriptor**. Al suscribir el empréstito el **inversor** está prestando a la empresa sus **fondos** para todo el periodo de vida del título.
El capital invertido no suele recuperarse antes del momento previsto para la **amortización** del empréstito. El **obligacionista** no se convierte en propietario de la empresa (como en el caso de las acciones), sino en **acreedor** de la misma, lo que implica que no tiene ningún derecho a participar en la **gestión** de la entidad.
Originalmente, la diferencia entre obligaciones y bonos consistía en el **plazo de amortización** del empréstito. Mientras que las obligaciones implicaban una **deuda a largo plazo**, es decir de cinco a treinta años, los bonos preveían un **plazo medio** (hasta cinco años). Sin embargo, en la actualidad esta diferencia tiende a desaparecer y, a veces, se usa el término "bono" también para títulos de renta fija a largo plazo.
Los inversores que **colocan sus ahorros** en estos títulos quieren asegurarse un **rendimiento** seguro a medio y largo plazo.
El rendimiento dividido por la **inversión** nos da una medida de **rentabilidad**. Normalmente, esta rentabilidad supera la que pueden ofrecer los

Aktien
festverzinsliche Papiere
Zinsen
Kupon
abwerfen
Ausgabe
Anleihe*
Schuld; Körperschaft
eingehen; Zeichner
Anleger
Mittel
Rückzahlung
Obligationeninhaber
Gläubiger
Führung
Tilgungsfrist
Schuld mit langer Laufzeit
mittlere Laufzeit
ihre Ersparnisse anlegen
Ertrag
Investition
Rentabilität

depósitos bancarios, pero su **grado de liquidez** es algo menor.
Como hemos dicho, el dinero invertido en obligaciones y bonos no se recupera antes de que expire el plazo de amortización del título. Esto implica que un acreedor que necesite **dinero líquido** antes del **vencimiento** tiene que buscar a otra persona dispuesta a comprarle sus derechos. Este proceso se realiza más fácilmente si los títulos **se negocian en bolsa**, sin embargo, sigue siendo algo más arriesgado que en el caso de las **cuentas bancarias** en las que el banco garantiza la devolución del **dinero ingresado**.
En determinados casos el empréstito no prevé el **pago de intereses** antes del vencimiento del título, es decir, el inversor recibe en el momento de la amortización el capital inicial más todos los intereses **devengados** hasta este momento. Se habla entonces de **obligaciones** o **bonos de "cupón cero"**. [M.S.]

Bankeinlagen; Liquiditätsgrad

flüssige Mittel
Fälligkeit

an der Börse gehandelt werden
Bankkonten
eingezahltes Geld

Zahlung von Zinsen

hier: angefallenen
Null-Kupon-Anleihen

* En la terminología alemana el término "Anleihe" designa tanto la forma de crédito (die Kreditart = empréstito) como el título-valor (das Wertpapier) que lo materializa. Con este segundo significado se usan prácticamente como sinónimos: "Anleihe", "Obligation", y "Schuldverschreibung".

LA OPCIÓN

La opción es un **contrato** que da derecho a su propietario a comprar o vender un bien a un precio fijo y en un momento determinado (opción europea) o dentro de un periodo de tiempo (opción americana). Este bien, que recibe el nombre de **activo subyacente**, teóricamente puede tener cualquier naturaleza (un piso, un cuadro, etc.), pero en los mercados organizados se negocian opciones sobre **activos financieros**, principalmente **acciones**. Por eso, las opciones (como los **contratos de futuros**) se consideran **productos derivados**, puesto que lo que se negocia es un **derecho** sobre otro activo. Éste no tiene por qué tener una existencia física, sino que puede ser un concepto como un **tipo de interés**.

Existen dos tipos de opciones:

- **opciones de compra** y
- **opciones de venta**.

Una persona que adquiere, por ej., una **opción de compra sobre una acción** obtiene el derecho a comprar esta acción a una **cotización** establecida en un día (o periodo) concreto.

Si ese día la cotización de la acción está por encima del valor previsto en la opción, resultará rentable **ejercer el derecho de compra** al precio anteriormente establecido.

Si, por el contrario, la cotización de la acción está por debajo, no interesa ejercer este derecho, porque resulta más rentable comprar la acción en el **mercado al contado**. En este caso el comprador de la opción ha perdido el dinero invertido en su compra.

Con las opciones de venta ocurre exactamente lo contrario, sólo que no se prevé un acto de compra del activo subyacente sino un acto de venta. El comprador de la opción de venta adquiere el derecho a vender la acción a un determinado precio. Si el día de ejercicio la cotización de la acción está por debajo del precio fijado, le interesa ejercer el derecho de venta. Si está por encima, no lo va a ejercer.

Sin embargo, a muchos inversores no les interesa comprar o vender el activo subyacente.

Option
Vertrag
Basiswert
Finanzaktiva
Aktien
Futures
derivative Produkte
Anrecht
Zinssatz
Kaufoptionen
Verkaufsoptionen
Kaufoption auf eine Aktie
Kurs
das Kaufrecht ausüben
Kassamarkt

Dado que la opción también se negocia, es decir, los derechos a comprar y vender se valoran y se intercambian en los **mercados financieros**, pueden obtenerse importantes plusvalías intercambiando las opciones antes de su vencimiento.

Finanzmärkte

¿Para qué sirve una opción?

En primer lugar, una opción sirve para asegurar la compra o la venta del activo subyacente en el futuro y, además, a un precio ya establecido. De esta manera, el propietario del bien subyacente, comprando una opción de venta, se protege contra una **pérdida de valor** de su bien. De igual forma, quien quiera comprar el activo subyacente se protege contra subidas no deseadas del precio de este bien mediante la compra de una opción de compra.

Wertverlust

La compra de una opción puede considerarse como la **contratación de un seguro**. El coste del seguro equivale al **precio de la opción** que se denomina **prima**.

Abschluss einer Versicherung; Optionspreis
Prämie

La venta de las opciones se asocia más con **fines especulativos**, pero su combinación con las operaciones de compra da lugar a **estrategias de inversión** muy sofisticadas. [J.M./J.S.]

spekulative Ziele
Investitionsstrategien

opción (n.f.)

fam.: optar (v., *optieren*); opcional (adj.);

con: comprar = adquirir/vender una opción; negociar opciones; ejercer una opción (*ein Optionsrecht ausüben*);
opción de compra = opción call/opción de venta = opción put;
opción sobre acciones/índices bursátiles/tipos de interés/commodities = materias primas y productos básicos;
el precio = la prima de una opción; la cláusula de una opción; el plazo de una opción = la fecha de ejercicio de una opción (*Optionsfrist*).

LOS CONTRATOS DE FUTUROS

Futures

Un contrato de futuros establece el precio y la calidad de un determinado bien (el **activo subyacente**) que se entregará en un momento futuro. Teóricamente la compra de un contrato de futuros obliga a comprar el activo subyacente (con el precio acordado y en el momento pactado); la venta de un contrato de futuros obliga a vender el activo subyacente al precio fijado.

Basiswert

Sin embargo, el objetivo del mercado de futuros no es la transacción física de los productos, sino el intercambio de **contratos**. Así se permite que accedan a dichos mercados, aparte de los productores y consumidores del activo subyacente, toda clase de **agentes económicos** que deseen **asegurar precios** en el futuro. Esto a simple vista puede parecer absurdo, porque ¿quiénes si no los vendedores y compradores de un producto pueden tener interés en asegurar precios? Obviamente un **productor de trigo** tiene interés en asegurarse la venta de su **cosecha**. De igual manera una fábrica de harina quiere asegurar el precio de compra del trigo. Los dos pueden llegar a un compromiso mediante un contrato donde se especifique una **entrega y** un **pago diferidos** en el tiempo. Este procedimiento sólo es posible si las dos partes confían entre sí y se ponen de acuerdo o si existe un mercado organizado que garantice que los compradores y vendedores a plazo cumplirán sus compromisos.

Verträge

Wirtschaftssubjekte

Preise absichern

Weizenproduzent

Ernte

verzögerte Lieferung und Bezahlung

Sin embargo, aparte de estos dos agentes hay otras empresas muy interesadas en las evoluciones del precio del trigo. Son aquéllas que tienen como **materias primas** productos derivados del trigo. Si sube el precio del trigo también subirá el precio de la harina y también se encarecerán sus compras. Así una cadena de hamburgueserías necesita panecillos cuyo precio fluctúa con el del trigo. Para asegurar el precio de estos panecillos esta empresa puede acudir a la compra de contratos de futuros.

Rohstoffe

El **comprador del contrato** está obligado a pagar el precio convenido cuando llega el día del **vencimiento**.

Futurekäufer

Fälligkeit

Si el **precio al contado** del producto (del activo subyacente) está por encima del precio previsto en el futuro, el órgano que administra el mercado (la **cámara de compensación**) pagará la diferencia. Si está por debajo, el comprador del contrato de futuros deberá pagar a la cámara la diferencia. Por el contrario, la persona que adopta la posición de **vendedor del contrato** está obligada a pagar a la cámara si el precio al contado está por encima del fijado en el contrato de futuro y se llevará la diferencia si está por debajo. De esta manera se evita la transacción física que supondría comprar y vender en el **mercado al contado**.

Kassapreis

Clearingstelle

Futureverkäufer

Kassamarkt

En nuestro ejemplo la cadena de hamburgueserías quería asegurar un precio para los panecillos. Como el precio de éstos depende del precio del trigo ha comprado contratos de futuros sobre trigo, para **abastecerse** a un coste fijo. Ahora pueden ocurrir dos cosas: El precio al contado está por encima del previsto en el contrato de futuros. En este caso la empresa recibe de la cámara el dinero para pagar la diferencia entre lo que quería pagar y lo que realmente en este momento tiene que pagar. Si el precio ha bajado, la empresa deberá pagar esta diferencia a la cámara. En los dos casos la cadena de hamburgueserías ha asegurado el coste (en el segundo caso lo que tiene que pagar puede considerarse como la **prima de un seguro**).

sich eindecken

Versicherungsprämie

Sin embrago, los contratos de futuros sobre materias primas son más bien la excepción en los países europeos. Son los **futuros financieros** los que están presentes en casi todos los mercados. Funcionan exactamente de la misma manera, sólo que el activo subyacente es un **producto financiero** (por ej., un determinado **tipo de interés** que un **banco** y un **ahorrador** quieren asegurar). [J.M./J.S.]

Financial Futures

Finanzinstrument

Zinssatz; Bank; Sparer

EL SEGURO

Versicherung

En el mundo de los negocios es vital minimizar las **incertidumbres**. Difícilmente se encuentran **operaciones mercantiles** libres de **riesgo** y la correcta valoración del riesgo en que se incurre es indispensable para una buena **gestión**.

Los seguros son **operaciones financieras**, en las que intervienen varios sujetos:

- El **tomador**, que firma el **contrato del seguro**, la llamada **póliza**.
- El **asegurado**, que es la persona cuya vida o cuyos intereses económicos **se aseguran** (y que, por tanto, en la mayoría de los casos coincide con el tomador).
- El **asegurador** (una **compañía de seguros**), que acepta **cubrir el riesgo** a cambio de la entrega de un capital (normalmente dividido en cuotas periódicas, llamadas **primas**).
- El **beneficiario**, que es la persona que cobra la **indemnización en caso de siniestro**. Muchas veces coincide con el asegurado pero puede no ser así, como ocurre muchas veces en el caso del **seguro de vida**.

La mayoría del negocio de los seguros se concentra en el ramo del automóvil, del seguro de vida y de la **asistencia sanitaria**. Sin embargo, existen muchos otros tipos de siniestros que pueden asegurarse, desde transportes aéreos a cosechas de cereales pasando por los animales de una granja.

Para fijar la indemnización a pagar, así como las **cuotas de** un **seguro**, las compañías de seguros tienen que determinar tanto el valor del objeto asegurado como las probabilidades de que ocurra el siniestro y el **perjuicio** que puede causar.

Debido a las graves consecuencias de ciertos hechos, el Estado establece algunos **seguros obligatorios**. Pensemos, por ej., en el sistema de **Seguridad Social** obligatoria o en los **seguros de responsabilidad civil** que han de tener los propietarios de un coche.

Puesto que en muchos países el Estado fomenta la **contratación de** ciertos **seguros**, especialmente de los seguros de vida, mediante

Unsicherheiten
Geschäftsvorgänge;
Risiko
Führung
Finanzoperationen

Versicherungsnehmer;
Versicherungsvertrag;
Polizze; Versicherter
versichert werden

Versicherer; Versicherungsgesellschaft; das Risiko decken
Prämien
Begünstigter
Entschädigung; im Schadensfall

Lebensversicherung

Gesundheitswesen

Versicherungsraten

Schaden

Pflichtversicherungen

Sozialversicherung;
Haftpflichtversicherung

Abschluss von Versicherungen

facilidades fiscales, éstos se consideran cada vez más una forma de **inversión financiera** donde **colocar los ahorros**.
La **quiebra** de una compañía de seguros puede terminar con los ahorros de sus clientes. Por eso y, además, porque en el sector de los seguros se manejan grandes sumas de dinero, el Estado regula y controla estrechamente todo el **negocio asegurador**. Exige a las **compañías aseguradoras** que una parte de sus ingresos se destine a formar unas **reservas** especiales con el fin de garantizar su capacidad para hacer frente a los riesgos asegurados. Estas reservas tienen que colocarse en **activos financieros** con un **rendimiento** muy seguro (por ej., **préstamos hipotecarios**, **inmuebles**) pero también rápidamente convertibles en **dinero líquido**. [J.M./M.P./J.S.]

Steuererleichterungen
Geldanlage
die Ersparnisse anlegen
Bankrott

Versicherungsgeschäft
Versicherungsgesellschaft
Rücklagen

Finanzaktiva
Ertrag
Hypothekardarlehen;
Immobilien; flüssige Mittel

<u>seguro</u> (n.m.)
fam.: asegurar(se); asegurado (n.m.; adj); asegurador (n.m.; adj.); seguridad (n.f.);
con.: contratar = suscribir un seguro; tener un seguro = estar asegurado;
seguro de vida; de responsabilidad civil; de enfermedad; de/contra accidentes; contra incendios; contra robos; de(l) hogar;
la prima del seguro = la cuota del seguro; la póliza del seguro; la cobertura del seguro (*Deckung der Versicherung*); las prestaciones de indemnización del seguro (*Versicherungsleistungen*);
la compañía de seguros; el agente de seguros (*Versicherungsvertreter*); el corredor de seguros (*Versicherungsmakler*);
el tomador del seguro; el beneficiario del seguro;
el médico del seguro; el hospital del ...; la clínica del ...; el ambulatorio del seguro (= de la Seguridad Social).

EL SISTEMA FINANCIERO ESPAÑOL

Spanisches Finanzsystem

Por sistema financiero de un país se entiende el conjunto de las instituciones públicas y privadas que facilitan la **conversión del ahorro en financiación de las inversiones**.

Umwandlung der Ersparnisse in Investitionsfinanzierung

Abarca tanto los organismos que tienen como objetivo organizar y regular este sistema como las propias instituciones financieras (**bancos**, **sociededades de valores**, **asesores financieros**, etc.).

Banken
Wertpapierfirmen; Finanzberater

El sistema se regula a través de unos **órganos supervisores**:

Aufsichtsorgane

- el **banco central** (el Banco de España supervisa todas las **entidades bancarias**),
- la **Comisión Nacional del Mercado de Valores** (máxima autoridad sobre las **bolsas**),
- el **Ministerio de Economía y Hacienda** que es la máxima autoridad sobre:
  - la **Dirección General de Seguros y Fondos de Pensiones** (regulación de las compañías de seguros) y
  - la **Dirección General del Tesoro y Política Financiera** (encargada de la **colocación de deuda pública**).

Zentralbank
Bankinstitute
Nationale Börsenkommission; Börsen
Wirtschafts- und Finanzministerium
Generaldirektion für Versicherungen und Pensionsfonds
Generaldirektion der Staatskasse und Finanzpolitik; Platzierung von Staatsschuld

El Banco de España controla los bancos, las **cajas de ahorros,** las **cooperativas de crédito**, las **sociedades de leasing**, etc. estableciendo normas e inspeccionando el cumplimiento de las mismas.

Sparkassen; Kreditgenossenschaften; Leasingfirmen

La Comisión Nacional del Mercado de Valores controla las **bolsas de valores,** los **fondos de inversión,** las sociedades de valores y los asesores financieros.

Wertpapierbörsen; Investmentfonds

En España hay cuatro bolsas (Barcelona, Bilbao, Madrid, Valencia), cada una de ellas dirigida por su propia **sociedad rectora**. Sin embargo, todas han constituido una sociedad común llamada “Bolsas y Mercados Españoles” (BME) que es la responsable del correcto funcionamiento de las mismas. Pero además es la responsable de una bolsa totalmente informatizada, denominada “mercado continuo”, donde cotizan las empresas más importantes.

Börsenleitungsgesellschaft

El Ministerio de Economía y Hacienda es el responsable del sector de seguros y de los fondos de pensiones. Estas compañías, en tanto que consumidoras del ahorro, intermedian en el sistema financiero y repercuten de forma considerable sobre los **tipos de interés** y otras variables de la **política monetaria y financiera**. Por esta razón el ministerio regula y controla su funcionamiento a través de la Dirección General de Seguros y Fondos de Pensiones.

Zinssätze

Geld- und Finanzpolitik

También depende del Ministerio de Economía y Hacienda la Dirección General del Tesoro y Política Financiera. Esta tiene un papel primordial en la evolución de los tipos de interés **emitiendo deuda pública**. [J.M./J.S.]

Staatsschuld begeben

SIGLAS Y ABREVIATURAS ECONÓMICAS Y GENERALES

ADPIC (el)	Acuerdo de la OMC sobre los Aspectos de los Derechos de Propiedad Intelectual relacionados con el Comercio (= TRIPS)
AEC (la)	Asociación de Estados del Caribe
AELC (la)	Asociación Europea de Libre Comercio (normalmente → **EFTA**)
AEMA (la)	Agencia Europea de Medio Ambiente
AGCS (el)	Acuerdo General sobre el Comercio de Servicios (= GATS)
ALADI (la)	Asociación Latinoamericana de Integración
ALCA (el)	Área de Libre Comercio de las Américas
ASEAN (la)	Asociación de Naciones del Sudeste Asiático
BANESTO (el)	Banco Español de Crédito (dependiente del BSCH)
BBVA (el)	Banco Bilbao Vizcaya Argentaria
BCE (el)	Banco Central Europeo
BID (el)	Banco Interamericano de Desarrollo
BIRD (el)	Banco Internacional para la Reconstrucción y el Desarrollo
BM (el)	Banco Mundial
BOE (el)	Boletín Oficial del Estado
BSCH (el)	Banco Santander Central Hispano
CA (la)	Comunidad Autónoma (región política española)
CC.AA.	Comunidades Autónomas
CCI (la)	Cámara de Comercio e Industria
CC.OO.	Comisiones Obreras (sindicato mayoritario español, comunista)
CE (la)	Comisión Europea
CE(E) (la)	Comunidad Económica Europea (ahora → **UE**)
CEI (la)	Comunidad de Estados Independientes (de los países de la antigua → **URSS**)
CEOE (la)	Confederación Española de Organizaciones Empresariales (organización patronal de la gran empresa española)
CEPAL (la)	Comisión Económica para América Latina y el Caribe (→ **ONU**)
CEPYME (la)	Confederación Española de la Pequeña y Mediana Empresa (organización patronal)
Cía.	compañía (de tipo mercantil)
CNMV (la)	Comisión Nacional del Mercado de Valores
C.V.	curriculum vitae
DNI (el)	documento nacional de identidad (obligatorio para los españoles)
E	España (distintivo nacional, matrícula de coches, aviones, etc.)
ECOFIN (el)	Consejo de Ministros de Economía y Finanzas (de la → **UE**)

ECU (el)	Unidad de Cuenta Europea (antecedente contable del euro)
EEE (el)	Espacio Económico Europeo (entre → **EFTA** y → **UE**)
EE.UU.	Estados Unidos (de América)
EFTA (la)	→ **AELC**
EPA (la)	Encuesta sobre la Población Activa (estimación del paro en España)
ETT (la)	Empresa de Trabajo Temporal
FAO (la)	Organización para la Alimentación y la Agricultura (→ **ONU**)
FEDER (el)	Fondo Europeo de Desarrollo Regional
FMI (el)	Fondo Monetario Internacional
FSE (el)	Fondo Social Europeo
G-7 (el)	Grupo de los 7 (grupo de coordinación de los siete países más ricos del mundo)
G-8 (el)	Grupo de los 8 (los G-7 más Rusia como observador)
GATT (el)	Acuerdo General sobre Aranceles Aduaneros y Comercio (→ **OMC**)
GRAN (el)	Grupo Andino (Bolivia, Colombia, Ecuador, Perú, Venezuela)
Hno(s).	hermano o hermanos (en una razón comercial)
I+D	Actividades de investigación y desarrollo
IME (el)	Instituto Monetario Europeo (dependiente de la → **UE**)
INE (el)	Instituto Nacional de Estadística
INEM (el)	Instituto Nacional de Empleo
IPC (el)	índice de precios de consumo (medida de la inflación)
IRPF (el)	impuesto sobre la renta de las personas físicas (impuesto directo)
IU (la)	Izquierda Unida (agrupación electoral pro-comunista)
IVA (el)	impuesto sobre el valor añadido (impuesto indirecto)
MERCOSUR (el)	Mercado Común del Sur (Argentina, Brasil, Paraguay y Uruguay)
NAFTA (el)	→ **TLCAN**
NIF (el)	número de identificación fiscal (obligatorio en España para transacciones mercantiles)
OCDE (la)	Organización para la Cooperación y el Desarrollo Económico
OEA (la)	Organización de los Estados Americanos
OIT (la)	Organización Internacional del Trabajo
OMC (la)	Organización Mundial de Comercio (sucesora del → **GATT**)
ONG (las)	organizaciones no gubernamentales (privadas)
ONU (la)	Organización de las Naciones Unidas
ONUDI (la)	Organización de las Naciones Unidas para el Desarrollo Industrial
OPA (la)	oferta pública de adquisición (de acciones)

OPEP (la)	Organización de los Países Exportadores de Petróleo
OPV (la)	oferta pública de venta (de acciones)
OTAN (la)	Organización del Tratado del Atlántico Norte
PAC (la)	Política Agraria Común (de la → **UE**)
p.c.	per cápita (ej.: renta nacional p.c.)
PCE (el)	Partido Comunista Español
PFA (la)	producción final agraria
PFI (la)	producción final industrial
PGC (el)	Plan General Contable
PGCE (el)	Presupuesto General de las Comunidades Europeas
PIB (el)	producto interior bruto
PNB (el)	producto nacional bruto
PP (el)	Partido Popular
PSOE (el)	Partido Socialista Obrero Español
PVP (el)	precio de venta al público (para un producto)
PYME (las)	pequeñas y medianas empresas
pymes (las)	→ **PYME**
SA (la)	sociedad anónima
SAL (la)	sociedad anónima laboral
SL (la)	sociedad limitada
SME (el)	Sistema Monetario Europeo
SRL (la)	sociedad de responsabilidad limitada
SS (la)	Seguridad Social
TAE (la)	tasa anual equivalente (tipo de interés calculado por año)
TLCAN (el)	Tratado de Libre Comercio de América del Norte (entre Estados Unidos, Canadá y México)
UE (la)	Unión Europea
UEM (la)	Unión Económica y Monetaria (→ **UE** tras la unión monetaria)
UGT (la)	Unión General de Trabajadores (sindicato socialista)
UNCTAD (la)	Conferencia de las Naciones Unidas sobre Comercio y Desarrollo
UNESCO (la)	Organización de la ONU para Educación, Ciencia y Cultura
UNICEF (la)	Fondo de las Naciones Unidas de Ayuda a la Infancia
URSS (la)	La antigua Unión de Repúblicas Socialistas Soviéticas
UTE	Unión temporal de empresas
y Cía	y compañía

ÍNDICE ALFABÉTICO (ESPAÑOL – ALEMÁN)

A

B

C

D

E

F

G

H

I

J

L

M

N

O

P

Q

R

S

T

U

V

Z

ALPHABETISCHES SACHREGISTER (DEUTSCH – SPANISCH)

A

B

C

D

E

F

G

H

I

J

K

L

M

N

O

P

Q

R

S

T

U

V

W

Z